SOMMARIO

PREFAZIONE

IL RUOLO DEL FLOW NEL BENESSERE INDIVIDUALE

La psicologia ha sempre affiancato all'interesse per la patologia e il disagio l'attenzione per lo sviluppo e il potenziamento (empowerment) individuale e sociale. In questo specifico ambito uno dei temi emergenti è l'attenzione per il "flow" (flusso), inteso come esperienza ottimale. A caratterizzare l'esperienza di flow è infatti un elevato livello di concentrazione e di partecipazione all'attività, l'equilibrio fra la percezione della difficoltà della situazione e del compito (challenge) e le capacità personali (skills), la sensazione d'alterazione temporale (l'orologio interno rallenta, mentre l'orologio esterno accelera), un senso di piacevolezza e soddisfazione.

In quest'ottica uno degli obiettivi della psicologia del benessere è la comprensione di tale stato e delle condizioni che lo producono, con l'intento di aiutare il soggetto a migliorare la propria performance senza cadere in una situazione di stress.

All'interno di questo contesto l'obiettivo del volume della collega Milena Mazzeo è duplice.

Da una parte vuole aiutare i genitori a comprendere il potenziale del flow nello sviluppo del bambino. Alcuni recenti studi hanno infatti dimostrato che l'esperienza di flow non ha solo un effetto positivo immediato sul benessere del bambino ma facilita e favorisce lo sviluppo evolutivo diminuendo la rinuncia alle responsabilità tipica della fase di passaggio all'età adulta. Come sottolinea lo psicologo Alison Gopnik, "Gli adulti di successo uniscono la curiosità e l'apertura dei bambini con il fuoco e la disciplina dell'adulto".

In secondo luogo il volume introduce e presenta un percorso articolato in otto attività, sia tradizionali sia con il supporto della tecnologia, che vuole guidare il bambino alla scoperta del flow. psicologia ha sempre affiancato all'interesse per la patologia e il disagio l'attenzione per lo sviluppo e il potenziamento (empowerment) individuale e sociale. In questo specifico ambito uno dei temi emergenti è l'attenzione per il "flow" (flusso), inteso come esperienza ottimale. A caratterizzare l'esperienza di flow è infatti un elevato livello di concentrazione e di partecipazione all'attività, l'equilibrio fra la percezione della difficoltà della situazione e del compito (challenge) e le capacità personali (skills), la sensazione d'alterazione temporale (l'orologio interno rallenta, mentre l'orologio esterno accelera), un senso di piacevolezza e soddisfazione.

In quest'ottica uno degli obiettivi della psicologia del benessere è la comprensione di tale stato e delle condizioni che lo producono, con l'intento di aiutare il soggetto a migliorare la propria performance senza cadere in una situazione di stress.

In secondo luogo il volume introduce e presenta un percorso articolato in otto attività, sia tradizionali sia con il supporto della tecnologia, che vuole guidare il bambino alla scoperta del flow.
Nella realizzazione di questo percorso Milena Mazzeo ha applicato i nove principi, normalmente utilizzati in ambito scientifico e didattico, per insegnare il flow che possono essere utilizzati indipendentemente dai contenuti del volume (disponibili anche online all'indirizzo: http://www.slideshare.net/bepperiva/flow-nei-bambini).

- **Spiegare il concetto di flow con esempi:** E' importante che il bambino impari a riconoscere lo stato di flow. Quando lo vedete assorbito in una attività provate a dirgli: "Amore, sei davvero coinvolto in quello che stai facendo. Quando si prova questo assorbimento è poi difficile tornare a fare le cose di tutti i giorni".
- **Raccontare propri esempi di flow:** Al bambino piace ascoltare le storie che riguardano i propri genitori. Per questo, raccontare la passione e l'energia che avete quando riuscite a fare quello che vi piace davvero (scrivere, suonare, viaggiare, ecc.) rappresenta un modo efficace per far scoprire il flow.
- **Lasciargli il tempo necessario per sperimentarlo:** Per sperimentare il flow bisogna avere il tempo e la possibilità di farlo. Non serve molto tempo (1-2 ore)

ma è importante averlo regolarmente (1 volta alla settimana).

- **Spiegargli che l'attenzione è limitata:** Non tutte le attività hanno lo stesso potenziale nel generare flow. Per questo il bambino deve capire che scegliendo un'attività (per es. guardare la televisione) non potrà farne un'altra, magari più stimolante.

- **Lasciarlo sperimentare:** Al bambino piace mettersi alla prova soprattutto con difficoltà crescente. In particolare le attività creative sono quelle che permettono al bambino di mettersi alla prova e sperimentarsi. Possono diventare più stimolanti se nella sperimentazione la sfida aumenta progressivamente.

- **Insegnare a fare qualcosa solo per il gusto di farlo:** Il bambino deve imparare a trovare un piacere non solo estrinseco (un bel voto, un complimento, un premio) ma anche intrinseco nelle cose che fa. Altrimenti, rischia di farle non per se stesso ma per compiacere gli altri.

- **Dare compiti con mete chiare:** Obiettivi chiari e specifici sono alla base dell'esperienza di flow. E' diverso dire "devi prendere bei voti" dal dire "devi raggiungere la sufficienza in inglese". La presenza di obiettivi specifici, realistici e misurabili supporta i processi legati all'attribuzione di significato.

- **Dare feedback immediati:** Il perseguimento di precisi obiettivi deve essere sostenuto da feedback immediati e chiaramente decifrabili. Ogni volta che compie un'azione, il bambino è così in grado di sapere se si è comportato correttamente o meno, e quindi di intuire quali modificazioni apportare alla sua condotta.

- **Aiutarlo a concentrarsi:** L'ingresso nello stato di flow è favorito dalla focalizzazione sull'attività. Uno dei problemi che caratterizzano il bambino è la tendenza a disperdersi. L'adulto deve aiutarlo a definire dei confini (temporali e spaziali) delle proprie scelte in modo da evitare di interrompere a metà le proprie l'attività.

In conclusione, il lavoro di Milena Mazzeo può rappresentare uno strumento utile e pratico per accompagnare il docente e/o il genitore alla scoperta di un concetto – quello di Flow – che è ancora meno conosciuto di quanto dovrebbe, visto il suo ruolo nel favorire uno sviluppo armonico dell'individuo.

Giuseppe Riva
Professore Ordinario di Psicologia Generale
Università Cattolica del Sacro Cuore - Milano
http://www.giusepperiva.com

INTRODUZIONE

Il nostro presupposto di partenza è che non esistono bambini intelligenti in generale, ma bambini più o meno forti in una certa area come ad esempio quella linguistica, piuttosto che quella spaziale o musicale... e che tutti i bambini sono dotati di naturale creatività.

Pensiamo anche in quanti ambiti altamente competitivi, sia a scuola sia nei vari contesti extra scolastici, i nostri piccoli sono spinti a cimentarsi, già in tenera età, e chiediamoci se loro ci stanno davvero bene emulando gli adulti, se questo li aiuta a crescere serenamente e a "fiorire" un giorno diventando persone adulte dotate di ottimismo e con le adeguate capacità per fronteggiare le sfide della vita.

Perchè allora non pensare ad uno spazio diverso, sebbene all'interno dell'edificio scolastico a loro già familiare, dove poterli aiutare a trovare un loro modo di esprimersi secondo i propri tempi e modi, senza timore di essere giudicati circa il loro operato?

Noi lo abbiamo immaginato e, seguendo i principi della Psicologia Positiva nata in U.S.A. negli anni Novanta, lo stiamo proponendo anche nel nostro Paese.

Questo libro vuol essere proprio un'indicazione per tutte quelle figure (genitori, educatori, insegnanti, psicologi) che, avendo a che fare quotidianamente con i bambini, pensano sia giusto dar loro la possibilità di essere più sereni e, in futuro, divenire adulti responsabili e ottimisti.

CAPITOLO I

La Psicologia Positiva

"Dobbiamo aver cura di vivere una vita non meramente lunga, ma piena; per vivere una vita lunga è necessaria solo buona fortuna, ma per vivere una vita piena è necessario carattere. Lunga é la vita quando è vissuta pienamente."

Seneca il Giovane I sec. A.C.

Cosa si intende per Psicologia Positiva?
È risaputo che la psicologia è una scienza relativamente giovane ma forse non tutti sanno che, da quando è nata, ha adottato il modello classico biomedico in quanto si è principalmente occupata della sofferenza umana.
In che modo?
Cercando di eliminarla o perlomeno di alleviarla.

In questo senso si può affermare che essa si è sviluppata come scienza "in negativo", dove la malattia è stata messa al primo posto e per questo motivo si è impegnata in misura molto minore nel comprendere il funzionamento ottimale e il benessere degli esseri umani. Questa impostazione, di tipo riduttivo, ha predominato a lungo nonostante, già nel 1948, l'Organizzazione Mondiale della Sanità (OMS) avesse definito la salute "come stato di completo benessere fisico, mentale e sociale, e non mera assenza di malattia o infermità"[1].

Tale modello, che può essere definito bio-psicosociale, dà valore al ruolo che ogni individuo ha nell'attivarsi per promuovere la propria salute, oltre che per curarsi in modo adeguato in caso di malattia.

Ad esso fa riferimento la Psicologia Positiva, il cui scopo è quello di promuovere la costruzione di competenze e benessere soggettivo, enfatizzando il ruolo delle risorse e delle potenzialità dell'individuo[2].

Anche le persone cosiddette "normali" hanno bisogno di crescere, di sperare in una vita migliore e di voler cambiare per diventare quello che considerano essere "persone migliori".

È partendo da questa considerazione che, nell'ultimo decennio del secolo scorso, tutta una serie di pensatori ha contribuito a definire quella branca della psicologia che oggi si chiama Psicologia Positiva[3].

Il suo motto potrebbe essere:

UNA VITA DEGNA DI ESSERE VISSUTA

Si tratta di un movimento giovane che si è sviluppato inizialmente negli Stati Uniti e si è diffuso in Europa, infatti nel 2002 è stato costituito l'European Network of Positive

Psychology e, nel 2004 in Italia, è nata la Società Italiana di Psicologia Positiva.

Oggi, partendo dal manifesto redatto nel 2000 da Martin Seligman e Mihaly Csikszentmihalyi - gli studiosi che possono essere designati come i padri fondatori di questo settore - la Psicologia Positiva vanta numerose ricerche riguardo i temi del benessere e del suo sviluppo, condotte con metodologie pienamente condivise dalla comunità scientifica.

Entrando più nello specifico, però, di cosa si occupa esattamente questo campo della psicologia?

L'obiettivo primario della Psicologia Positiva consiste nel costruire una scienza che supporti:

• Famiglie e scuole capaci di educare i bambini a essere felici e a "fiorire";

• Ambienti di lavoro che promuovano la soddisfazione personale e la produttività dell'azienda;

• Comunità che incoraggino l'impegno civico;

• Terapeuti capaci d'identificare e stimolare i punti di forza dei loro pazienti;

• L'insegnamento della Psicologia Positiva ad ampio raggio;

• La diffusione della Psicologia Positiva nelle comunità e nelle organizzazioni[4].

Concentriamoci sul primo punto, dato che l'argomento di questo lavoro riguarda il benessere dei bambini.

Analizziamo cosa significa:

"...educare i bambini a essere felici...".

Noi tutti ci auspichiamo d'incontrare bambini gioiosi e spensierati, ma l'educare alla felicità presuppone competenza ed esperienza specifiche. Quando si parla di felicità, infatti, non stiamo parlando di quella sensazione di gioia passeggera che può scaturire dall'esecuzione di qualcosa di piacevole.

Ci stiamo riferendo a qualcosa di più "profondo" e "duraturo", di un concetto che è stato affrontato già da due secoli a questa parte da vari filosofi in quanto abbraccia aspetti etici e morali, oltre che psicologici.

1. Un po' di storia...

Figura 1.1. *"L'età dell'oro" Lucas Cranach il Vecchio (1472-1553) Olio su tela - National Gallery (Norway)*

Ricordiamo brevemente a questo proposito Aristippo che, già nel V secolo A.C., aveva fondato la dottrina etica dell'edonismo. Secondo questo filosofo greco il bene si identifica con l'edonismo (edonè), cioè la ricerca continua del piacere che, una volta appagato, determina l'autarchia, ovvero la capacità di bastare a se stessi cercando di dipendere il meno possibile dalle cose mondane e conseguentemente raggiungere la felicità.

Più avanti questo concetto fu ripreso anche da Epicuro nel IV secolo A.C. che, a differenza dei suoi predecessori, lo inserì in una cornice maggiormente teorica e meno legato al vivere quotidiano.

E' però con Aristotele (circa nel 350 A.C.) che viene introdotto il concetto di eudaimonia, che si traduce letteralmente con "divinità buona/benevola": ovvero la visione di un essere umano per cui la felicità è una condizione naturale e che assegna alla sua vita stessa il compito di raggiungerla. Bisogna fare attenzione però alla differenza fondamentale fra benessere edonico ed eudaimonico, che specificano la nozione di piacere secondo due prospettive differenti...

Il primo è basato sulla logica della ricerca di un piacere egoistico, con la presenza di emozioni positive e l'assenza di emozioni negative. Il secondo si riferisce ad un concetto più ampio di benessere, non soltanto immediato, che contempla la realizzazione personale come sviluppo delle proprie potenzialità, risorse e predisposizioni, messe al servizio della collettività.

L'eudaimonia corrisponde in pratica ai bisogni individuali e collettivi legati nel loro insieme a quel "bene comune" che pone gli esseri umani in tensione reciproca, e che ognuno ricerca attraverso le opportunità offerte dalla società nel cui ambito collabora alla costruzione di un progetto condiviso[5].

Il termine potrebbe essere indicato come: "essere in possesso di vero benessere".

Anche studiosi del calibro di S. Freud ed E. Kraepelin si sono espressi riguardo l'importanza di prendere in considerazione anche il lato del benessere e della salute nello studio dell'uomo.

Figura 1.2. *E. Kraepelin e S. Freud*

In questo senso, quindi, la Psicologia Positiva ha profonde radici negli studi e nelle pratiche del passato, ma ora la sfida consiste nel tentativo di costruire una disciplina integrata, oltre che basata sul "positivo" dell'essere umano.

2. Il concetto di "Felicità"

La "Felicità" quindi è un problema che l'Umanità si è posta da molto tempo... ma, ad oggi, non c'è ancora fra gli studiosi un consenso comune sul significato di questa parola. Essa indica sicuramente uno stato emotivo positivo che è definito, però, in modo soggettivo da ogni persona. Per questo motivo il termine viene usato raramente negli studi scientifici.
Gian Franco Goldwurm - della scuola ASIPSE di Milano - collegata con la Società Italiana di Psicologia Positiva, facendo una disamina di questo concetto ci spiega che   la "Felicità" in quanto "Soddisfazione per la propria vita" rappresenta l'aspetto soggettivo più importante e significativo della Qualità della Vita.

Figura 1.3. *"espressione di gioia"*

Essa è caratterizzata da una dimensione emotiva e da una cognitiva. È inoltre connessa ai fattori oggettivi della Qualità della Vita, fra i quali importante appare il livello di salute. Può sembrare strano, ma dai vari studi compiuti, è emerso che la soddisfazione per la propria vita e la sensazione di benessere non vanno di pari passo con il livello di ricchezza: quando aumenta il reddito, la felicità cresce fino ad un certo punto, poi comincia a diminuire. È proprio vero il detto: "I soldi non fanno la felicità!".

Partendo dall'etimologia del termine, si comprende che "felicità" deriva dal verbo fèo, che significa "produco" o "fecondo".

Questo implica che la sensazione di felicità non dipende da quello che di piacevole e e bello ci accade, ma è il risultato delle nostre azioni migliori, quelle tramite le quali noi generiamo, produciamo, creiamo e sviluppiamo[6]. Se ripensiamo infatti ai nostri momenti più felici, ci renderemo conto che essi sono legati al nostro enorme potenziale creativo: ai nostri figli, alle nostre relazioni sentimentali più feconde, ad un lavoro ben svolto... insomma a quando in qualche modo abbiamo agito sul nostro ambiente. In altre parole la felicità è sia un esito sia un processo.

A questo punto ci si è chiesti se sia possibile aumentare lo stato di felicità, o meglio il benessere soggettivo. La Psicologia Positiva si è posta proprio l'obiettivo di aiutare l'uomo a costruire la propria felicità, o meglio il proprio funzionamento ottimale, come vedremo meglio nel prossimo capitolo.

Esistono a questo proposito anche una serie di contributi ricavati dalla letteratura che tendono a dimostrare la possibilità di aumentare la felicità mediante training basati sull'apprendimento di qualità psicologiche di base e di comportamenti specifici. Ad oggi, però, questi programmi sono stati ampiamente criticati, ma rimane la certezza che proprio nel periodo della giovinezza dell'uomo si possa agire per migliorare la propensione soggettiva alla felicità.

In questa fase della vita si è più sensibili agli stimoli esterni e quindi all'educazione ed è il periodo ove si strutturano la personalità cognitiva, le abilità sociali e gli stili di comportamento di un individuo. In seguito, poi, il comportamento rimane stabile fino a quando una situazione di grande crisi, malattie croniche invalidanti o l'avvicinarsi della morte durante la vecchiaia non rimettono tutto in discussione[7].

Veenhoven già nel 1996 trovò che esiste una forte correlazione tra felicità e salute fisica e mentale, con Fordyce - altro importantissimo esperto statunitense di questi temi - si può aggiungere che felicità e salute mentale sono la stessa cosa. Quindi la misura della felicità è probabilmente l'indicatore migliore della salute mentale[8].

Secondo il punto di vista di questo autore la felicità delle persone sembra si basi su:

a) fattori genetici per circa il 15%;
b) apprendimento durante l'infanzia per circa il 35%;
c) fattori ambientali e circostanze di vita per il rimanente 50%.

Da queste stime si evince che la felicità non è uno stato connaturato dell'uomo e si può immediatamente capire l'importanza di proporre un'educazione alla felicità già in tenera età.

È importante anche sottolineare che la felicità individuale si realizza all'interno dello spazio sociale, ed è proprio questo il significato di felicità cui si riferisce la Psicologia Positiva. Le persone, per stare bene, hanno bisogno di sfide, obiettivi che verifichino le loro capacità, opportunità per imparare nuove idee e sviluppare talenti nascosti ed anche la libertà di reinventarsi attraverso il corso delle proprie vite. Tutto questo, però, non può svolgersi in una sorta di "isolamento affettivo" ma in un clima di condivisione, nel quale le azioni di ciascuno influenzano anche quelle dei propri simili.

Ecco perché, parlando di bambini, si è pensato che la scuola, essendo il primo luogo in cui si sperimenta socialità, sia quello più adatto per iniziare anche un percorso verso la positività.

3. Conclusioni

In questo capitolo abbiamo introdotto il concetto di Psicologia Positiva: nuova branca della psicologia che si interessa di studiare scientificamente il funzionamento ottimale dell'uomo.

Quest'area di studi sta crescendo molto rapidamente se pensiamo che il primo summit sulla Psicologia Positiva si è tenuto nel 1999 a Lincoln in Nebraska e già nel 2002 ha avuto luogo la Prima Conferenza Internazionale su questi temi.

Benché essi, come abbiamo visto grazie ad un breve excursus storico, siano temi già radicati nella nostra cultura da molto tempo, oggi le idee, le teorie, la ricerca e la motivazione per studiare il lato positivo del comportamento umano, si stanno guadagnando un posto ben definito e permanente nel panorama della psicologia scientifica.

Nel prossimo capitolo spiegheremo dettagliatamente che cosa significa "Flow" o "Esperienza Ottimale". Un concetto molto importante sul quale si basa la nostra proposta per incentivare il benessere nei bambini.

Introdurremo e illustreremo in sintesi, il pensiero e l'opera di Mihaly Csikszentmihalyi, colui che ha studiato e contribuito a far conoscere il Flow a livello mondiale.

Il capitolo proseguirà con la presentazione del lavoro svolto da Barbara Fredrickson, la quale ha studiato per anni le caratteristiche peculiari delle emozioni positive e la loro correlazione con un miglioramento globale, a livello cognitivo e comportamentale, da parte delle persone che ne fanno spesso esperienza.

Alla fine del capitolo si indicherà quanto sia importante e auspicabile favorire, già in età infantile, la possibilità di fare esperienza di questo tipo di emozioni.

Approfondimenti bibliografici

[1]Cfr. DELLE FAVE, A.
(2006), "The impact of subjective experience on the quality of life. A central issue for health professionals" in M. Csikszentmihalyi & I. S. Csikszentmihalyi (a cura di) A Life worth living, Contributions to positive psychology, Oxford University Press, New York, pp.165-181

LEVIN, B., & BROWNER, C.
(2005), "The social production of health: Critical contributions from evolutionary, biological, and cultural anthropology". Social Science and Medicine, 61 pp. 745-750

[2]Cfr. SELIGMAN, M.E.P., & CSIKSZENTMIHALY, M.
(2000), "Positive Psychology: An Introduction", American Psychologist, 55, pp. 5-14

[3]Cfr. CSIKSZENTMIHALYI, M., & CSIKSZENTMIHALYI, I.S.
(2006), "A Life worth living,, Contributions to positive psychology", Oxford University Press, New York

[4]Cfr. POSITIVE BUSINESS FORUM
(2013), Martin Seligman parla di Psicologia Positiva. 27-28 Marzo, Milano

[5]Cfr. DELLE FAVE, A., & MASSIMINI, F.
(2005), "The relevance of subjective wellbeing to social policies: optimal experience and tailored   intervention" in F. Huppert, B. Keverne e N. Baylis (a cura di), The Science of Wellbeing. Oxford University Press, Oxford, UK, pp. 379-404

[6]Cfr. LAUDADIO A., & MANCUSO, S.
(2015), Manuale diPsicologia Positiva, FrancoAngeli, Milano

[7]Cfr. GOLDWURM, G.F., (ASIPSE - Milano)
(1995), Dalla rivista "Psicoterapia Cognitiva e Comportamentale", vol. 1, n. 3, UPSEL Ed., Milano

[8]Cfr. FORDYCE, M.W.
(1972), "Happiness; Its Daily Variation and Its Relation to Values". Doctoral Dissertation: United States International University. Dissertation Abstracts International 33, 1266

CAPITOLO II

Cos'è il Flow?

"La mente che si apre ad una nuova idea non torna mai alla dimensione precedente."

Albert Einstein
(1879 - 1955)

Spesso termini in lingua inglese e di uso non comune possono far pensare a qualcosa di misterioso o difficile da comprendere, ecco perché è importante iniziare questo capitolo con la spiegazione del termine "Flow".
In inglese la parola "flow" significa flusso. Infatti ci si riferisce proprio a qualcosa che scorre, che fluisce... ma l'oggetto di questo fluire è in questo caso immateriale, trattandosi della coscienza stessa.
Per fare un esempio pratico, pensiamo a tutte quelle volte in cui stiamo svolgendo un'attività a noi congeniale e ne siamo completamente assorbiti, al punto da non accorgerci dello scorrere del tempo. In casi come questi è come se la nostra coscienza fosse in uno stato di fluidità, una condizione un po'

al di fuori della realtà, immersa e assorbita in una data attività che ci impegna al massimo e, allo stesso tempo, ci gratifica di per se stessa, indipendentemente dai riconoscimenti esterni che possiamo ricevere[1].

La prestazione dell'individuo è al culmine ed egli sperimenta uno stato d'animo positivo e un entusiasmo appassionato. Per ognuno di noi può trattarsi di attività di diverso tipo: può spaziare dalla pratica sportiva, al suonare uno strumento musicale, all'immergersi in un videogioco, piuttosto che allo svolgere un'attività eminentemente creativa come dipingere, scrivere e così via

Figura 2.1.

Mihaly Csikszentmihalyi (lo scienziato che per primo ha introdotto questo termine) ha iniziato la sua osservazione negli anni Settanta, proprio dagli artisti all'opera e si è reso conto di quanto fosse gratificante per loro continuare a svolgere la loro attività, a discapito del ritorno economico o dell'approvazione altrui. Si è chiesto quindi quale fosse l'incentivo profondo a cercare di ripetere questo tipo di esperienza sicuramente gratificante ma, al tempo stesso, faticosa.

La risposta è stata che questa particolare condizione della coscienza ha delle peculiarità proprie che la rendono un'esperienza autotelica.

Cosa significa?
Questa espressione deriva dal greco antico e, letteralmente, da autós (sé) e da telos (fine) e sta a definire un'azione che trova in sé stessa lo scopo preciso del suo realizzarsi, senza necessariamente averne bisogno uno dall'esterno.
Quando si parla di riuscire a sviluppare una "personalità autotelica" si intende:

‣ avere la capacità di sviluppare una esperienza   ottimale in situazioni e attività sempre nuove;
‣ sviluppare competenze creative;
‣ costituire un Sè più complesso e più forte;
‣ incentivare lo sviluppo e la complessificazione della cultura[2].

Per dirla con le parole dello stesso Csikszentmihalyi: "Parlare di Flow significa dunque far riferimento a un'esperienza di totale concentrazione, dedizione e divertimento in una particolare attività: tutto sembra accadere sotto il nostro controllo, esattamente come lo desideriamo"[3].
L'assorbimento nell'attività è, tuttavia, talmente intenso che ad essa dedichiamo tutte le nostre risorse mentali. È infatti in un secondo momento che ci si può rendere conto del fatto che qualcosa di straordinario si è appena verificato.

Il Flow possiede due caratteristiche fondamentali:
• è uno stato universale: cioè può verificarsi in contesti, culture e momenti molto diversi fra loro. È esperibile da bambini, adulti e anziani;
• riguarda il processo di selezione psicologica.

Riprendiamo quest'ultima caratteristica della "selezione psicologica" e cerchiamo di spiegarla meglio.

La Psicologia Transculturale è stata la prima ad occuparsi di Esperienza di Flow, dato che lo ha analizzato come meccanismo di selezione culturale delle informazioni. In termini di appartenenza, infatti, l'individuo tende a riprodurre quasi sempre un numero limitato di informazioni (attività, interessi, convinzioni e valori) in base alla qualità dell'esperienza che ad esse associa. Questo si chiama processo di selezione psicologica delle informazioni acquisite.

In definitiva il Flow è visto come un "attrattore" dell'evoluzione individuale e, contemporaneamente, della selezione culturale. Le numerose ricerche transculturali finora condotte, che hanno portato alla campionatura di circa 4.000 soggetti, ne hanno dimostrato la stabilità nelle caratteristiche indipendentemente dal contesto culturale di appartenenza degli intervistati e l'associazione con le più varie attività quotidiane, a condizione che esse possano rappresentare per il soggetto opportunità d'azione sufficientemente complesse da richiedere impegno e applicazione delle capacità individuali a livelli elevati[4].

In altre parole, alcune esperienze sarebbero preferibilmente replicate poiché in grado di produrre uno stato di coscienza pieno e positivo ed evitate quelle che generano noia e stati di stress negativi o ansia.

1. Le nove dimensioni del Flow

Ritornando all'eminente lavoro di Csikszentmihalyi, lo scienziato ha delineato ben nove dimensioni che caratterizzano lo Stato di Flow e lo differenziano dalle altre situazioni.

Eccole in sintesi:

1. **Bilanciamento tra sfide e capacità:** è un requisito importantissimo perché questo delicato equilibrio fra le capacità personali e la percezione delle difficoltà del compito da affrontare implica proprio lo Stato di Flow. Infatti, se si crea uno sbilanciamento a favore delle proprie abilità personali si verificherà uno stato di noia da parte del soggetto che compie l'azione, viceversa se le sfide del compito da svolgere sono troppo onerose rispetto alle proprie capacità personali, avremo uno stato di ansia;

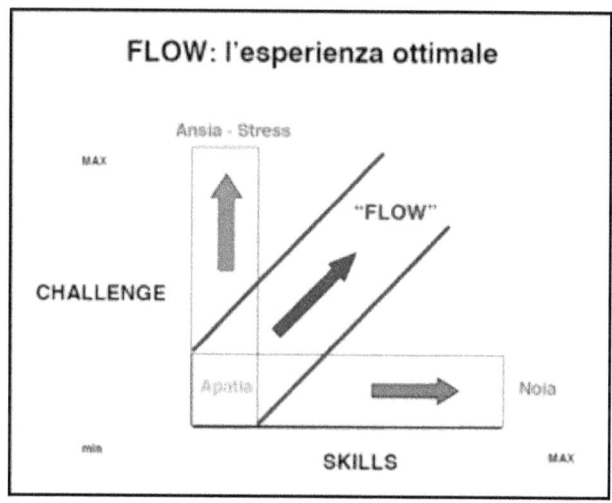

Figura 2.2. *Lo Stato di Flow si origina quando abbiamo un perfetto bilanciamento fra le nostre capacità (skills) e le sfide (challenges) proposte dalla situazione.*

2. **Integrazione fra azione e consapevolezza:** pensiamo a questo proposito ad un atleta che sta compiendo un tuffo e riflettiamo sulla quantità di concentrazione e impegno servano in un breve lasso di tempo perché la prestazione sia ottimale (tanto che dall'esterno può risultare quasi naturale e spontanea);

3. **Obiettivi chiari:** in altre parole avere in mente esattamente cosa vogliamo ottenere;

4. **Feedback immediato e inequivocabile:** è l'elemento che ci permette di sapere se stiamo raggiungendo o abbiamo raggiunto il nostro obiettivo e quindi se la situazione è sotto controllo;

5. **Concentrazione totale sul compito:** l'individuo è totalmente immerso nel "qui e ora", non c'è spazio per informazioni che non siano quelle necessarie a svolgere in quel momento quell'attività;

6. **Senso di controllo:** si percepisce un'assenza di preoccupazione per l'eventuale perdita di controllo;

7. **Perdita di auto-consapevolezza:** il nostro io non ci giudica ma diventa parte integrante dell'azione;

8. **Perdita del senso del tempo:** il senso del tempo per chi si trova in Stato di Flow si altera e, talvolta, non vengono neppure percepiti i bisogni fisici primari come la fame e la sete;

9. **Esperienza autotelica:** in altre parole la motivazione verso quell'azione nasce dal piacere intrinseco nel praticarla e non dalle ricompense che possono derivare dall'esterno.

2. Alcune precisazioni sul Flow

Da tutto questo si evince che l'esperienza del Flow non è solo intensa, ma qualitativamente differente dallo stato normale di coscienza. Oggi abbiamo inoltre evidenza del fatto che al Flow è associato anche un cambiamento a livello fisiologico. Studi su atleti - come arcieri e tiratori scelti - ai quali sono state misurate le onde cerebrali proprio pochi secondi prima della loro prestazione, hanno evidenziato che si assiste ad un potenziamento dell'attività dell'emisfero cerebrale destro deputato alle abilità verbali e spaziali a discapito di quello sinistro che è normalmente associato al pensiero analitico ed intellettuale[5].

È stata inoltre confermata l'esistenza di uno stretto legame fra lo stato di Flow e la sensazione di benessere, anche fisico, che si prova svolgendo un'attività che ci piace e ci coinvolge. Non a caso Csikszentmihalyi ha iniziato le proprie riflessioni su questo fenomeno, chiedendo direttamente alle persone come si sentivano nei momenti in cui le loro attività stavano andando particolarmente bene. Inoltre lo studioso ha affermato che, durante l'esperienza di Flow, un incremento del benessere deriva dall'organizzazione più efficiente della coscienza[6]. In altre parole è come se in quei momenti le informazioni disponibili dentro di noi fossero perfettamente congruenti con gli obiettivi che ci siamo prefissati: come se non ci fossero conflitti fra ciò che stiamo facendo e quello che vorremmo fare. In sostanza, i nostri obiettivi non sono in competizione fra di loro.

Ma lo stato di Flow è qualcosa che semplicemente ci accade o c'è la possibilità di raggiungerlo volontariamente?
Csikszentmihalyi ci rassicura sul fatto che, la probabilità di provare un'esperienza di Flow, può essere incrementata attraverso l'uso di certe strategie, quantunque una parte di

questa condizione non sia completamente controllabile. Quali?

Ad esempio cercando di scegliere delle attività che, oltre a piacerci, siamo in grado di svolgere in modo da riuscire a bilanciare le nostre capacità personali e le difficoltà del compito; oltre al fatto che devono svolgersi in un contesto dove si possa avere un feedback immediato di ciò che sta avvenendo.

Un esempio pratico ci può aiutare a comprendere meglio le affermazioni dello studioso. Pensiamo a chi sta iniziando ad imparare a suonare uno strumento musicale. Dovrà esercitarsi e porre molta attenzione a tutto quello che sta facendo prima che la musica scorra sotto i suoi occhi sullo spartito e venga immediatamente letta ed eseguita. È ovvio che in questa situazione sarà molto improbabile entrare in stato di Flow, in quanto si verificherà un continuo sforzo di attenzione da parte del soggetto che, pur amando la musica, non sarà ancora abbastanza esperto da farla fluire con naturalezza. La coscienza dovrà continuamente monitorare la situazione e non si potrà abbandonare all'esecuzione come un suonatore esperto, il quale è probabile che riesca a raggiungere lo stato di Flow, pur eseguendo pezzi molto impegnativi.

Questo ragionamento è valido per molte attività differenti, sia di tipo artistico sia di tipo sportivo o altro: ciò che conta non è il tipo di attività che svolgiamo, ma il fatto che ci interessi e coinvolga veramente, senza lasciare spazio ad altre distrazioni.

Possiamo ora chiederci se questo stato di benessere possa avere ripercussioni a lungo termine oppure si esaurisca nel momento in cui l'attività preferita si conclude. La risposta è nel prossimo paragrafo.

3. Il ruolo delle emozioni positive

Tutti noi siamo in grado di distinguere all'interno della gamma di emozioni che proviamo ogni giorno, quelle positive da quelle negative. Tutti noi inoltre saremmo d'accordo nell'affermare che le emozioni positive ci fanno stare bene, ci arricchiscono e sono le benvenute. Pochi sanno però che questo tipo di emozioni hanno avuto un ruolo importante nel corso dell'evoluzione dell'uomo e sono fondamentali anche per il corretto sviluppo di ogni individuo.

Barbara Fredrickson è una delle più importanti studiose al mondo nel campo delle emozioni nell'ambito della Psicologia Positiva e, già dal 1989, ha dedicato gran parte della propria vita a questi studi facendo scoperte sensazionali.

Eminente studiosa, direttrice dei laboratori di Emozioni Positive e di Psico-fisiologia presso l'Università del North Carolina, la Fredrickson ha focalizzato il suo interesse di ricerca verso le emozioni positive, impostando una carriera piuttosto singolare, in quanto da molti suoi detrattori ritenuta frivola.

Si è chiesta innanzi tutto perché, a livello evolutivo, l'uomo è stato dotato di sensazioni positive, in quanto, se esse sono arrivate fino ai nostri giorni, devono aver avuto uno scopo ben preciso. Inoltre, fino a pochi decenni fa, è stata ampiamente studiata la gamma delle emozioni negative, mentre non è avvenuta la stessa cosa per quelle di segno opposto.

Come mai?

È ovvio e intuitivo che le prime abbiano avuto un valore fortemente adattivo nell'evolversi della nostra specie: emozioni come la paura ad esempio ci hanno aiutato a trovare una via di fuga e a sopravvivere in tante situazioni di pericolo. Per ciò che riguarda invece le emozioni positive, i cambiamenti corporei fisiologici, le pulsioni, gli istinti ad agire, sono state meno utili dal punto di vista evoluzionistico. Forse segnalavano semplicemente l'assenza di minacce... Sicuramente le emozioni positive favoriscono la possibilità di sfruttare al meglio le opportunità che l'ambiente ci offre: riflettiamo ad esempio sul fatto che, ciò che viene appreso dai bambini attraverso il gioco o l'esplorazione, può successivamente servire a promuovere la protezione o il sostentamento.

In linea generale, quindi, non è errato ritenere che le emozioni umane, specialmente quelle positive, si sono in larga parte evolute per promuovere i legami sociali (sentimenti di attrazione, amore, affiliazione, ecc.) e che il poterle condividere con i propri simili costituisce il tessuto delle relazioni interpersonali[7].

Appurato che il lato positivo dell'universo emotivo umano è stato necessario alla sopravvivenza della specie, la Fredrickson si è chiesta che ruolo possa avere oggi, per tutti noi, provare sensazioni positive.

Dopo anni di ricerche, è diventata famosa e ha ottenuto vari riconoscimenti grazie alla creazione di una teoria da lei chiamata "Broaden-and-Build", in italiano "Apertura e Costruzione"[8]. Qui l'autrice definisce lo scopo profondo delle emozioni positive, che va ben oltre il piacere che esse provocano.

Ecco la sua teoria in sintesi: partendo dal presupposto che tutte le emozioni conducono a specifiche tendenze all'azione, essa è riuscita a dimostrare che le emozioni positive generano uno stato d'animo transitorio di "apertura mentale" e inducono inoltre cambiamenti significativi nel comportamento. Esse ampliano infatti il repertorio di azioni e pensieri, portando a costruire in modo duraturo la gamma di risorse personali (sia fisiche sia psicologiche) dalle quali attingere per aumentare le probabilità di successo.

In altre parole: le nostre capacità intellettuali, fisiche e sociali di base vengono ampliate dal provare emozioni positive, costituendo riserve cui è possibile rivolgersi quando si presenta una minaccia o, al contrario, un'opportunità. Quindi, anche se uno stato emotivo positivo è solo momentaneo, i benefici sotto forma di tratti, legami sociali e abilità cognitive perdurano nel tempo.

La Fredrickson ha testato le sue ipotesi conducendo svariati esperimenti insieme al suo gruppo di lavoro. La portata di questa scoperta ha indotto anche altri scienziati a studiare tutta una gamma di effetti sul pensiero a valle delle emozioni positive.

A tale proposito, citiamo Alice Isen della Cornell University che, per oltre vent'anni, si è dedicata a questo tipo di studi: "...quando le persone si sentono bene, i loro pensieri divengono più creativi, integrati, flessibili e aperti alle informazioni"[9].

Grazie a svariate ricerche sul tema, essa è riuscita a dimostrare che gli individui, quando provano emozioni positive, ragionano in modo effettivamente differente ed arrivano più velocemente, e in modo più creativo, a trovare soluzioni di questioni complesse. È come se la capacità di integrare varie informazioni dall'ambiente circostante risulti aumentata.

È importante comprendere che la flessibilità cognitiva ampliata è una risorsa che diviene utile nel tempo, con benefici che perdurano nel futuro: quindi le emozioni positive hanno un valore intrinseco alla crescita umana e coltivare queste emozioni aiuterà le persone a condurre una vita più piena. Potremmo dire che questo mette in qualche modo al riparo dal rischio di depressione in quanto, queste risorse, funzionano come una sorta di riserva da utilizzare in momenti successivi e con stati emotivi differenti.

Gli effetti di queste emozioni hanno anche una ripercussione a livello fisiologico. Studi documentati hanno associato al fare frequentemente esperienza di sensazioni positive a:
- un recupero più veloce delle patologie cardiovascolari;
- un incremento del funzionamento immunitario;
- più bassi livelli di cortisolo;
- una riduzione delle riposte di tipo infiammatorio allo stress;
- una riduzione dei sintomi dolorosi a livello fisico a seguito di un trauma;
- riduzioni nella frequenza di ictus.

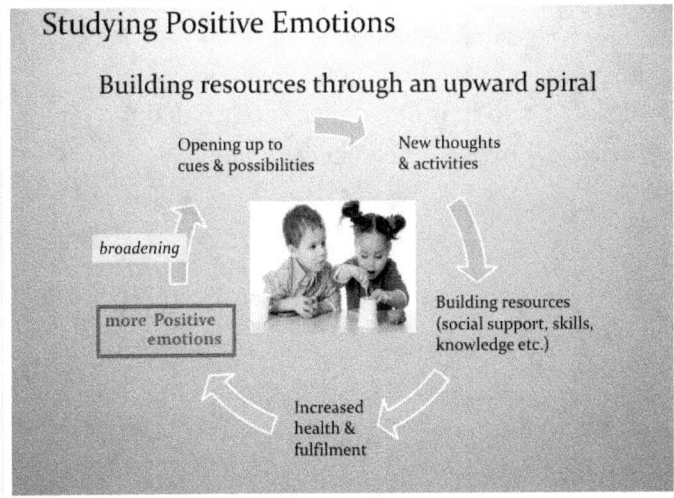

Figura 2.3. *Schema esemplificativo dell'andamento a spirale delle emozioni positive, che ne richiamano altre, innescando un movimento in continua ascesa.*

Concludendo, forse non è errato affermare che i buoni sentimenti predicono la durata di vita delle persone: numerosi studi longitudinali ben controllati documentano un chiaro legame fra il provare frequentemente emozioni positive e la longevità.

Inoltre il benessere così incentivato produrrà altre emozioni positive: come se si trattasse di entrare in una sorta di circolo virtuoso in continua ascesa.

Ma questo non è tutto, infatti la stessa Alice Isen ha dimostrato che l'emozione positiva di ciascuno può avere un'eco negli altri. Essa ha indagato, ad esempio, i gesti di aiuto e compassione verificando come, il provare emozioni positive, rende le persone più disponibili nei confronti degli altri, ma ciò che è più interessante riguarda il fatto che questo atteggiamento produrrà, a sua volta, altra positività.

La presenza di emozioni positive può essere definito un predittore efficace del livello di felicità degli individui[10].

4. Riguardo i bambini...

Da tutto questo si evince quanto sia importante fornire ai bambini gli strumenti per implementare le proprie esperienze positive, sia per il loro benessere presente, sia per il loro futuro.

Lo star bene con sé stessi può diventare un'abitudine che può iniziare in un'età molto precoce, qualora ci sia un ambiente predisponente e adeguato. L'aspetto più interessante di questi studi è che la positività non è solo una dote innata, ma può essere insegnata con metodo, attraverso esercizi, a volte anche molto semplici. Grazie al meccanismo del rinforzo positivo si può imparare e trasmettere ai nostri figli l'abitudine a focalizzare la nostra attenzione sulle cose belle che ci accadono, sui nostri punti di forza piuttosto che sulle nostre carenze, e a sviluppare una maggior resilienza nei confronti delle situazioni negative.

I risultati che si ottengono sono misurabili in termini di performance scolastiche, di benessere psicofisico e di determinazione a voler conseguire gli obiettivi prefissati.

Potremmo affermare che la felicità è "un'abitudine" che si impara da piccoli e che, se ben radicata, ci rende adulti solidi, capaci e soddisfatti.

Prima di concludere questo paragrafo, segnaliamo un piccolo esercizio quotidiano: abituarsi a domandare ai vostri figli ogni giorno qual'è stata la cosa più bella che è loro successa durante la giornata e chiedere anche il perchè.

Potete farlo al vostro rientro dal lavoro o prima di dar loro la buonanotte. Questo li aiuterà a focalizzare l'attenzione sulle cose positive, anche quando apparentemente non ce ne sono state[11].

5. Conclusioni

In questo capitolo abbiamo introdotto il concetto di Flow o Esperienza Ottimale, frutto del lavoro compiuto, già a partire dagli anni Settanta da Mihaly Csikszentmihalyi, uno dei principali studiosi e ritenuto, a buon conto, uno dei padri fondatori della Psicologia Positiva.

Sono state presentate nel dettaglio le nove dimensioni che caratterizzano questo stato peculiare dell'esperienza e accennato il suo legame con il processo di selezione psicologica.

Si sono poi spiegati i cambiamenti sia fisici che psicologici che accompagnano questo tipo di vissuto e il suo stretto legame con il benessere e la felicità.

Siamo arrivati così a trattare le emozioni e a delineare la differenza fra quelle negative e quelle positive, in particolare concentrandoci sul ruolo che quest'ultime hanno avuto, sia riguardo l'evoluzione e la sopravvivenza della specie umana, sia in termini di sviluppo individuale.

A questo proposito si è presentato in sintesi il pensiero di Barbara Fredrickson che, famosa per la sua teoria "Broaden-and-Build", ha promosso validi impianti di ricerca grazie ai quali si è potuto verificare sul campo l'importanza dell'esperire emozioni positive con i cambiamenti a livello fisiologico, cognitivo e comportamentale e che esse comportano.

In estrema sintesi si può affermare che le risorse guadagnate grazie alle emozioni positive superano e sopravvivono alle esperienze che le hanno generate. Inoltre si è visto quanto sia importante avvicinare i bambini alla positività già in tenera età.

Nel prossimo capitolo entreremo nel vivo di questo lavoro e vedremo, più da vicino, lo stato di Flow rapportato proprio ai bambini. Chiariremo per prima cosa lo stretto legame fra interessi, valori e motivazioni.

Cercheremo poi di spiegare cosa s'intende con il termine "flourishing", un'espressione che è stata adottata dagli studiosi nell'ambito della Psicologia Positiva per rendere l'idea di "funzionamento ottimale".
Proseguiremo fornendo le basi necessarie affinchè si possa imparare, da adulti, a favorire lo sviluppo sano e ideale nei nostri bambini.
Lo faremo grazie ad un programma dedicato al "flourishing" e sviluppato da una psicologa dell'educazione: Jeni Hooper, la quale grazie alla sua grande esperienza, è riuscita a stilare una serie di consigli pratici utilissimi a livello educativo.
Essi sono rivolti a tutti i genitori, ma non solo, possono essere estremamente preziosi anche per tutte quelle figure adulte cui i minori si rapportano quotidianamente come insegnanti, educatori, familiari e così via.

Approfondimenti bibliografici

[1]Cfr. LAUDADIO, A., & MANCUSO, S.
(2015), Manuale di Psicologia Positiva, Franco Angeli, Milano

[2]Cfr. INGHILLERI, P., & RIVA, E.
(2009), "Psicologia Transculturale", Presentazione del 18 Febbraio

[3]Cfr. CSIKSZENTMIHALYI, M.
(1990), Flow. The psychology of optimal experience, Harper & Row, New York

[4]Cfr. DELLE FAVE, A.
(1996a), "Esperienza ottimale e fluttuazioni dello stato di coscienza: risultati sperimentali" in Massimini, F., Inghilleri, P., & Delle Fave, A. (a cura di) La Selezione Psicologica Umana. Teoria e Metodo d'Analisi. (pp.541-568), Cooperativa Libraria IULM, Milano

[5]Cfr. LANDERS, D., et al.
(1994), "Effects on learning on electroencephalographic and electrocardiographic patterns in novice archers.", International Journal of Sport Psychology, 25(3), pp. 313-330

[6]Cfr. COMPTON, W. C.
(2005), An Introduction to Positive Psychology, Wadsworth, Belmont, CA

[7]Cfr. FREDRICKSON, B.L.
(2003), "The Value of Positive Emotions", American Scientist. Volume 91, N. 4

[8]Cfr. FREDRICKSON, B.L.
(2001), "The role of positive emotions in positive psychology: the Broaden-and-Build Theory of positive emotions", American Psychology, 56, pp. 218-226

[9]Cfr. ISEN, A.M.
(1987), "Positive affect, cognitive processes and social behavior". Advances in Experimental Social   Psychology, 20, pp. 203-253

[10]Cfr. FREDRICKSON, B.L. & JOINER, T.
(2002), "Positive emotions trigger spirals toward emotional well-being". Psychological Science, 13, pp. 172-175

[11]Cfr. MASELLA, M.
(2013), da articolo "Educare i bambini alla felicità", Scuola di Palo Alto, Milano

CAPITOLO III

I bambini e il Flow

"Tre cose ci sono rimaste del paradiso: i fiori, le stelle e i bambini."

Dante Alighieri
(1265 - 1321)

Prima di progettare questi corsi, ci siamo chiesti perché per i bambini è così importante sperimentare lo stato di Flow e prenderne coscienza.

La risposta potrebbe apparire ovvia, basandoci su quello che fin qui è stato detto al riguardo. Potremmo affermare che i bambini si divertono compiendo attività da loro preferite che li assorbono e li entusiasmano: questa sarebbe comunque una spiegazione già sufficiente, ma troppo semplicistica.

C'è qualcosa d'altro che rende le Esperienze Ottimali fondamentali per la crescita sana di un individuo. In parte questo   fatto é stato esplicitato nel paragrafo del capitolo precedente riguardante le emozioni.

Ma non é tutto.

Siccome i bambini sembrano essere in grado di entrare in stato di Flow spontaneamente e frequentemente, l'abilità di fare esperienza di questa condizione alterata della coscienza, può anche essere innata. Csikszentmihalyi inoltre ha affermato che l'esperienza di Flow ha carattere universale ed è rintracciabile in tutte le culture del mondo[1].

Quindi se, da un lato, non sembra necessario insegnare il Flow ai bambini in quanto tutti noi abbiamo sperimentato, come adulti, quanto sia difficile distogliere un cucciolo d'uomo immerso in un'attività coinvolgente e avere la sua attenzione, dall'altro è interessante invece capire cosa può favorire l'insorgenza di questo stato peculiare della coscienza e quanto sia importante far sì che i piccoli abbiano gli strumenti adatti per riconoscerlo.

Ovviamente alcune esperienze sarebbero replicate più volentieri perché in grado di produrre uno stato di coscienza pieno e positivo ed evitate maggiormente quelle generanti noia e stati di stress negativo o ansia.

1. Interessi, valori e motivazioni

Per comprendere però appieno le caratteristiche dello stato di Flow, dobbiamo partire dalla descrizione di tre istanze diverse ma che poi vedremo avere dei punti di collegamento importanti fra loro: **interessi, valori, e motivazioni.**

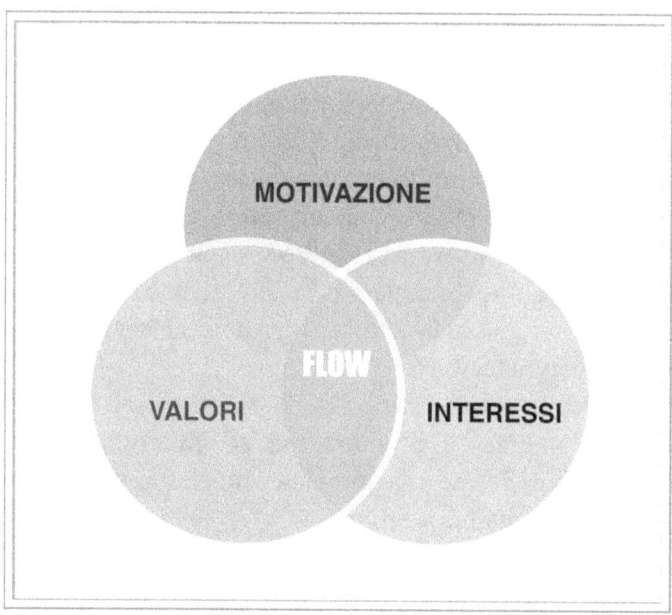

Figura 3.1. *Immagine riadattata da: LAUDADIO, A., MANCUSO, S. (2015), Manuale di Psicologia Positiva, Franco Angeli, Milano.*

Partiamo dagli **interessi**.

Il termine interesse, deriva dal latino nella composizione dei termini "inter" che significa "in mezzo" e dalla forma verbale "esse" che costituisce l'infinito del verbo essere: quindi essere in mezzo.

Ma in mezzo a cosa?

Gli interessi possono essere definiti come l'atteggiamento di un soggetto nei confronti di alcuni aspetti dell'ambiente atti a soddisfare un proprio bisogno: ad esempio il nostro bisogno di mangiare può generare un interesse per un cibo gustoso.

Di conseguenza, gli interessi si trovano "in mezzo" tra noi e quello che può soddisfare i nostri bisogni. L'interazione costante tra l'individuo e l'ambiente crea, sviluppa, soddisfa e modifica i nostri interessi.

Essi infatti non sono tutti uguali:

- possono essere "momentanei" e derivare da un'esperienza emotiva specifica;
- oppure essere "disposizionali" ed avere un carattere stabile e profondo come: l'interesse per la pittura, per la letteratura per lo sport ecc.

Passiamo ai **valori**.

I valori posseggono un aspetto normativo che li distingue dagli interessi; inoltre fanno sempre parte di noi anche se soddisfatti e in questo si differenziano anche dai bisogni.

Potremmo definirli come ciò che attribuisce significato alle nostre azioni e sono profondamente connessi alla nostra motivazione a svolgere un compito. Il comportamento di ognuno di noi é guidato, anche inconsapevolmente, da un sistema di valori.

Guichard e Huteau affermano che "... aderire a determinati valori significa pensare che vi siano obiettivi e modi di comportarsi che sono preferibili e superiori ad altri"[2].

Le **motivazioni** invece sono state oggetto privilegiato di studio da parte della ricerca psicologica, già a partire dallo studio delle pulsioni da parte di Freud. A seconda del contesto storico di riferimento e del paradigma psicologico dominante, ne sono state date interpretazioni diverse. È importante distinguere però fra motivazioni intrinseche (che derivano dai nostri valori e si declinano sulla base dei nostri interessi) e motivazioni estrinseche (che derivano dall'esterno). Non é stato inusuale infatti che molti interventi psicologici siano stati costruiti in modo da influenzare gli individui a mutare il proprio comportamento, inducendo dei bisogni che in realtà non corrispondevano alle motivazioni intrinseche dei soggetti. Recenti ricerche stanno suggerendo una revisione necessaria di questi approcci, poiché le motivazioni estrinseche sembrerebbero produrre effetti inattesi e negativi[3].

Il Flow, secondo alcuni autori, è il risultato del prodotto di tutti e tre. Quando siamo impegnati in un'attività congruente con i nostri interessi, del tutto coerente con il nostro quadro di valori e che soddisfa le nostre motivazioni, abbiamo le condizioni di base necessarie per poter esperire una situazione di flusso[4].

La Psicologia Positiva, riferendosi al concetto di benessere nella sua accezione eudaimonica, si prefigge proprio una maggiore attenzione agli interessi e ai valori dell'uomo, credendo in percorsi che possano garantire l'autorealizzazione di ognuno.

È in quest'ottica che riveste allora notevole importanza da parte degli adulti, aiutare i bambini a sviluppare i loro interessi, se pur ancora non ben definiti, nel rispetto di queste tre dimensioni.

È importante che ci si renda conto della responsabilità che le figure adulte di riferimento hanno verso le generazioni più giovani, in quanto gli interessi si stabilizzano solo tardivamente nel corso dello sviluppo. Solitamente è in età adolescenziale, dai 14-15 anni, che iniziano a prendere forma e a tradursi in veri e propri campi di interesse le idee circa le varie attività che il giovane ha sperimentato durante gli anni precedenti[5].

In questo processo di formazione degli interessi concorrono molte variabili: una di queste é costituita dall'ambiente familiare e socioculturale in cui l'individuo è inserito e l'interazione di questi con le caratteristiche personali.

2. Il concetto di "flourishing"

Esiste un verbo in inglese: "to flourish" che si può tradurre in italiano come "fiorire", "essere rigoglioso". Esso rende bene l'idea di chi è riuscito a raggiungere un livello di vita soddisfacente e piena di significato.

L'immagine mentale che ne deriva immediatamente può essere quella di... UN ALBERO.

Pensiamo ad un albero spoglio, senza foglie... e, subito dopo, ad un albero che in primavera si ricopre di fiori e frutti. Sappiamo che in entrambi i casi si tratta di un albero vivo, ma, nel secondo caso, il guardarlo trasmetterà una sensazione di maggior vitalità e gioia, in altre parole di "vita piena".

Figura 3.2 *"alberi in stagioni diverse"*.

Questa metafora è utile perché rende bene l'idea di come può crescere e svilupparsi un bambino: di come, in altre parole, sia possibile educarlo alla felicità, dando al seme il suolo adeguato in cui potersi sviluppare.

La metafora dell'albero è stata usata dal neuro-scienziato John Medina che, nel suo libro "Naturalmente Intelligenti"[6], sottolinea come le ricerche sulla felicità indaghino principalmente due aspetti: i "semi" dell'albero (la genetica) e il "suolo" (l'educazione e il contesto socioculturale).

Benché esistano correlazioni statisticamente significative tra alcuni aspetti della felicità e alcune componenti genetiche, siamo ben lontani dal poter affermare che la componente genetica sia il fattore predominante.

È risaputo che, come afferma sempre Medina: "... le emozioni e le azioni non scaturiscono inesorabilmente da eventi esterni, ma da ciò che noi pensiamo circa quegli eventi."

Allora cosa si può fare a livello pratico perché i bambini diventino rigogliosi come un albero in primavera?

Innanzi tutto: DARE IL BUON ESEMPIO!

Tanto più il nostro approccio agli eventi sarà positivo, tanto più saremo in grado di far fronte alle sfide che la vita ci pone davanti con forza e determinazione.

Questo è un concetto di fondamentale importanza che bisognerebbe instillare ai bambini fin da piccoli. Tale approccio alla vita, si è visto avere un impatto notevole anche sul rendimento scolastico.

Bonino e colleghi hanno evidenziato come la soddisfazione rispetto all'esperienza scolastica e alle relazioni sociali costituisca un possibile fattore protettivo per comportamenti a rischio in età adolescenziale[7].

Il benessere è legato alle relazioni che i bambini intrattengono negli ambienti di vita che frequentano: il contesto familiare, amicale e scolastico in cui essi sono soliti trascorrere il loro tempo. Quando quindi si vuole implementare ed eventualmente quantificare il benessere di un bambino, è necessario considerare i diversi ambienti di vita ed i loro aspetti potenzialmente più significativi e critici per il suo sviluppo.

I bambini stessi confermano la centralità del ruolo dei principali microsistemi: famiglia, amici e scuola.

3. Promuovere il "flourishing"

Partiamo dal presupposto che **ESSERE UN BAMBINO NON È FACILE.**

Nel corso dello sviluppo infantile ci sono tutta una serie di abilità nuove da imparare come: camminare, parlare, riuscire a farsi degli amici, prepararsi adeguatamente a sostenere un esame...

Esistono inoltre dei punti di svolta importantissimi dello sviluppo dai quali, una volta superati, non si può più tornare indietro: pensiamo, ad esempio, al riuscire a mangiare da soli.

Il bambino comincerà a provarci in modo piuttosto maldestro ma, progressivamente, affinerà le sue capacità e la sua autonomia fino a quando gli adulti di riferimento smetteranno di imboccarlo e si aspetteranno un miglioramento progressivo della nuova capacità acquisita. Questo è solo un esempio ma se ne potrebbero fare a decine durante il percorso di crescita infantile.

Ogni bambino ha i suoi tempi di sviluppo ed è unico in quanto a potenziale, inoltre non tutti i bambini "fioriranno" e riusciranno a costruirsi una vita soddisfacente.

Jeni Hooper ha iniziato nel 2006 a lavorare ad un programma che è stato disegnato proprio per promuovere benessere psicologico nell'infanzia[8].

Nel suo libro del 2012 ci conduce passo passo con il suo programma di "flourishing" per aiutare noi adulti ad imparare delle strategie pratiche grazie alle quali riuscire a creare ogni giorno delle opportunità affinchè i bambini possano sviluppare i loro punti di forza, dei modi appropriati perchè possano incentivare le loro emozioni positive e delle tecniche per imparare come gestire i pensieri e i sentimenti negativi.

Questo testo, a differenza di molti libri esistenti sullo sviluppo infantile, sposa però una prospettiva differente. Qui non vengono indicate varie età e stadi di crescita dai quali "aspettarci" qualcosa di nuovo da parte del bambino, ma si esplora quello che può favorire sentimenti di felicità, senso di auto efficacia e fiducia in sé stessi, compatibilmente con una sorta di continua "negoziazione" riguardo i vari traguardi da raggiungere nel corso del processo di crescita, in modo da evitare la frustrazione.

Il lavoro si è svolto in sinergia sia con i genitori sia con vari professionisti del settore, proprio allo scopo di mettere a punto una guida da seguire a livello pratico.

Potremmo provare ad immaginare il benessere psicologico come una costruzione formata da vari blocchi di pietra. Se ne possono delineare cinque che ne costituiscono le fondamenta indispensabili perchè la costruzione sia sufficientemente solida.

Figura 3.3. *"La costruzione del Benessere"*.

Eccole in sintesi:

1. **LE FORZE PERSONALI:** sono la bussola interiore che guida le nostre scelte;
2. **IL BENESSERE EMOTIVO:** consiste nel riuscire a creare un bilancio fra emozioni di segno opposto che sia il più positivo possibile;
3. **LA COMUNICAZIONE POSITIVA:** consiste nel costruire intorno a sé un clima di fiducia e relazioni appaganti;
4. **IMPARARE AD USARE LE PROPRIE FORZE:** riuscire a sviluppare abitudini per imparare a motivarsi e ad ottenere risultati;
5. **LA RESILIENZA:** consiste nell'evitare di avere punti di arresto durante proprio percorso e fare retromarcia rispetto agli eventuali ostacoli.

Queste sono le cinque parti chiave su cui si focalizza il Flourishing Programme, partendo dal presupposto che i bambini "fioriscono" quando imparano il modo per scoprire e costruire le loro forze in ognuna delle cinque aree fondamentali per il benessere psicologico.

D'altro canto, se sono nati negli ultimi anni innumerevoli percorsi per aiutare gli adulti a scoprire e sviluppare il loro potenziale interiore, non si può dire la stessa cosa riguardo il periodo infantile. Eppure, come abbiamo visto, i presupposti dello star bene da adulti si crea proprio da bambini.

Cosa si può fare?

Riprendiamo le cinque aree che abbiamo appena delineato, cercando di indicare, nell'ambito specifico di ognuna, alcuni suggerimenti pratici.

1. COSA SI INTENDE PER FORZA PERSONALE?

La parola "forza" è associata sia ad azione fisica sia a competenza. Ogni forza ha la caratteristica di essere dinamica, perciò aumenterà facendone un uso regolare. Quando noi stiamo usando attivamente quella forza, essa ci dà energia e assorbe la nostra attenzione al cento per cento. Le nostre forze sono anche più delle naturali abilità (che possono rimanere latenti come mero potenziale senza mai essere utilizzate), perchè corrispondono a qualcosa che DECIDIAMO di utilizzare e che ci fanno guadagnare energia e soddisfazione.

Proviamo ora a suddividere il concetto di "forza" in più parti in modo da risultare maggiormente chiaro:

FORZA = ABILITÀ + MOTIVAZIONE + SFORZO + SUPPORTO SOCIALE

Allora sta a noi adulti che stiamo vicini al bambino individuare quelle situazioni per le quali il piccolo ha una spiccata preferenza e creare maggiori opportunità perchè possa sperimentarle. Bisogna renderci conto che i bambini vivono in media più tempo facendo cose che non trovano facili, rispetto agli adulti. Questo può essere frustrante e, dato che le loro emozioni sono in fase di maturazione, possono essere esposti ad una pressione che non hanno ancora le capacità di gestire. Aiutarli quindi a trovare i loro punti di forza e ad usarli, costruirà fiducia in sé stessi e porterà dei successi.

Alcuni consigli pratici in questo senso possono essere:

* condividete le vostre passioni, in modo che il bambino possa cominciare a vedere un altro punto di vista e a confrontarlo con il proprio;
* parlate al bambino di cosa vi piaceva alla sua età, in modo da incoraggiare la sua diversità e individualità;

* recuperate giocattoli e materiali che possano sostenere e incentivare i suoi punti di forza;
* date sempre un feedback positivo in modo che il bambino si renda conto che i suoi sforzi sono stati notati e valutati.

2. COSA SI INTENDE PER BENESSERE EMOTIVO?

Il benessere emotivo non è la stessa cosa della felicità. Esso deriva dall'abilità di gestire le emozioni.

Il benessere è influenzato da quanto siamo in grado di integrare l'esperienza emotiva con il pensiero razionale, per riuscire a fare scelte che siano adatte a noi e per fare buon uso delle nostre forze e della nostra esperienza.

Ovviamente questa capacità nel gestire le emozioni la si raggiunge in modo progressivo con il trascorrere dell'età e l'accumularsi delle esperienze di vita.

Il bambino quindi è spesso dominato dalle proprie emozioni, sia in positivo che in negativo.

Ecco alcuni consigli pratici per aiutarlo ad aver fiducia in sé stesso, negli altri, e contrastare i sentimenti negativi:

* fate in modo che il bambino capisca che avete compreso quando è arrabbiato e che siete in grado di accettare come si sente in quel momento;
* aiutate il bambino a dare un nome all'emozione che sta provando, senza giudicarlo o riprenderlo per questo;
* comunicategli che siete desiderosi di aiutarlo a risolvere il suo disagio e lo supporterete durante questo processo;
* fornite uno spazio sicuro dove il bambino possa riconquistare la calma se è agitato;
* dategli un messaggio chiaro sul fatto che il comportamento distruttivo non sarà accettato;

* quando il bambino si è calmato un po', provate a discutere con lui su ciò che è accaduto e su come egli avrebbe potuto reagire diversamente;
* create delle opportunità per costruire e rinforzare le relazioni con gli adulti e con i pari: avere intorno una grande comunità di bambini può aiutarlo a diventare più sicuro. Di solito sono proprio i bimbi emotivamente più vulnerabili a diventare a rischio di esclusione a livello sociale, in special modo dal gruppo dei pari, a meno che non siano aiutati;
* non vi scoraggiate: spesso ci vuole tempo perchè un bambino guadagni fiducia in sé stesso e negli altri, specialmente se si aspetta di essere respinto.

Tutti questi accorgimenti sicuramente saranno d'aiuto ai bambini per imparare a riconoscere e gestire le proprie emozioni. Lo sviluppo della competenza emotiva viene raggiunto raramente senza un sensibile supporto da parte degli adulti.

È ovvio che si parla di adulti che, a loro volta, sono riusciti a "maneggiare" con destrezza le proprie emozioni più forti. Se un bambino riceve il messaggio che i sentimenti di questo tipo non sono ben accetti, può cercare di nasconderli.

In conclusione: è necessario non proteggere in modo eccessivo i più piccoli da tutto ciò che può infastidirli o farli sentire frustrati, altrimenti non saranno mai sufficientemente equipaggiati contro le avversità della vita.

3. COS'È LA COMUNICAZIONE POSITIVA?

La comunicazione positiva è la colla che tiene insieme le relazioni. Il nostro sistema emotivo è fatto per riuscire a sintonizzarsi sugli altri, grazie a quella capacità che si chiama empatia.
Il ruolo della comunicazione positiva ha un triplice effetto:
I. dà ai bambini la possibilità di rendere le loro relazioni soddisfacenti;
II. costruisce relazioni solide con un adulto in particolare, che può fornire supporto e protezione;
III. crea quella sicurezza che fa sentire i bambini fiduciosi e capaci di giocare e imparare.

Proponiamo anche i questo caso alcuni utili suggerimenti per mettere in pratica i principi della comunicazione positiva con i bambini:
* perchè si possa costruire una relazione importante è fondamentale partire dalla pienezza che dà il contatto oculare, dal sorriso o, ancor meglio, dalla risata;
* il tono della voce dice molto più delle parole. I bambini non sempre stanno attenti a quello che diciamo, ma come lo diciamo viene automaticamente registrato; un tono di voce caldo automaticamente segnala sicurezza e permette di rilassarsi ai sistemi di allarme del nostro corpo. Gli adulti sotto pressione spesso segnalano i loro reali sentimenti di stress attraverso il tono della voce, anche quando si sforzano di usare parole neutre;
* la prossimità fisica è essenziale, ma deve essere condivisa da entrambe le parti. Sedere uno di fianco all'altro è meno coinvolgente che mettersi di fronte e può servire a lasciare più spazio all'interlocutore;
* per quanto riguarda i bimbi più piccoli, è utile piegarsi sulle gambe per poter instaurare meglio un contatto;

* usate spesso dei sorrisi mentre comunicate con il bambino e ricordate che anche lo humour è molto importante.

In conclusione possiamo affermare che i bambini imparano circa loro stessi da come gli altri rispondono loro. Sia l'attenzione che l'apprezzamento, insieme all'uso di tecniche di risposta costruttive, forniscono ai minori il supporto ideale per dar loro sicurezza in sé stessi.

4. COSA SIGNIFICA IMPARARE AD USARE LE PROPRIE FORZE?

Partiamo dal concetto che, per imparare ad utilizzare in modo appropriato le proprie forze, bisogna essere capaci di "imparare".
Diventare dei buoni allievi dipende da un numero di fattori pratici che rende un bambino capace di imparare effettivamente di più, rispetto a quello che deriva solo da un'abilità intellettuale. Questi fattori "soft" hanno bisogno di essere coltivati e nutriti.

Ci sono cinque aree chiave da sviluppare in modo da avere successo come allievi:
1. il linguaggio e l'ascolto;
2. la formazione di concetti e la capacità di pensare;
3. la capacità di auto regolarsi rispetto all'esecuzione di compiti;
4. la creatività e l'immaginazione;
5. il Flow e la focalizzazione sul compito.

Tutte queste abilità dipendono dal supporto circa l'apprendimento che riceviamo a livello sociale e l'approccio da mentore è quello ideale, sia per i genitori sia per i professionisti esterni. Si è visto che i bambini che possiedono queste capacità chiave sono di fatto maggiormente ricettivi, sia rispetto l'apprendimento individuale, sia rispetto a quello guidato a casa e a scuola.

A livello pratico ecco i suggerimenti utili per aiutarli:
* favorite il benessere emotivo con il supporto delle loro qualità individuali;
* aiutateli a sviluppare i loro punti di forza;
* favorite l'esperienza di Flow;
* sforzatevi di avere con i vostri bambini una comunicazione positiva;
* per incoraggiare la loro motivazione interiore verso un obiettivo proponete al bambino l'attività prescelta in modo chiaro, sia su come vi aspettate debba essere svolta, sia su cosa gli verrà insegnato;
* incoraggiate il bambino a porsi obiettivi personali che siano positivamente connotati con la frase "Io voglio..." in modo da rinforzare un senso di competenza sempre crescente;
* incoraggiate il bambino a competere contro sé stesso, piuttosto che guardare a quello che fanno i suoi pari;
* dividete l'obiettivo da raggiungere in   compiti più piccoli e maggiormente raggiungibili, in modo da garantire il successo;
* fornite al bambino un certo grado di indipendenza nel pianificare il processo di apprendimento, in modo da incoraggiare il suo senso di autonomia.

Concludendo, il supporto e la supervisione dell'adulto non dovrebbero essere troppo intrusivi in quanto il bambino non dovrà mai viversi come poco abile nell'imparare qualcosa di nuovo.

5. COSA SI INTENDE PER RESILIENZA?

Perchè di fronte alle difficoltà alcune persone si scoraggiano ed altre "tengono duro"? Perchè ci sono persone che si vivono come se non avessero le risorse necessarie ed altre invece sono motivate a fronteggiare una sfida?

La differenza deriva da un insieme di attitudini e capacità personali chiamate resilienza. La resilienza non è qualcosa che nasce con noi, ma è qualcosa che si sviluppa attraverso l'esperienza personale. Essa si può imparare, quindi cosa si può fare per aiutare i nostri bambini a diventare maggiormente resilienti?

Ci sono tre ingredienti chiave che formano la resilienza:

1. un senso di sicurezza personale, derivante dal sapere che si ha un porto sicuro dove si è amati e riconosciuti come individui;
2. un forte credo in sé stessi che ci renda consci e realistici rispetto alle nostre competenze e forze personali;
3. un senso di fermezza che guidi i nostri sforzi verso la nostra crescita personale e la nostra realizzazione.

Abbiamo visto che i bambini sono naturalmente equipaggiati di entusiasmo e desiderosi di sperimentare sempre cose nuove. Essi desiderano indipendenza. Il ruolo delle figure adulte di riferimento è essenzialmente quello di sostenerli in questo percorso, ma anche di proteggerli. È perciò importante che gli adulti facciano un bilancio fra i rischi e i benefici apportati da ogni nuova esperienza che il bambino si appresta ad affrontare.

Proteggere i nostri piccoli totalmente da ogni avversità è praticamente impossibile e anche psicologicamente dannoso. Non siamo ovviamente in grado di prevedere cosa riserverà loro la vita, ma possiamo offrire ad essi le giuste esperienze per prepararli ad essere sicuri di sé e resilienti. La miglior preparazione per una vita indipendente è quella di chi accetta che ci saranno momenti "su" e momenti "giù" nel corso dell'esistenza.

A livello pratico abbiamo già visto l'importanza di stimolare in ogni bambino i propri punti di forza; quello che si può aggiungere è:
* aiutate il bambino a far uscire la propria creatività;
* sostenetelo a persistere nei propri sforzi;
* insegnateli con il vostro esempio lo humour;
* aiutatelo a sperimentare momenti di Flow;
* fategli comprendere che lui può fare delle cose e l'importanza di farle dicendogli: "Tu sei ciò che fai".

In sostanza tutti i nostri sforzi come adulti dovrebbero andare nella direzione di aiutare le giovani generazioni a contrastare i pensieri pessimistici e a sviluppare un approccio più ottimistico verso la vita.

4. L'avventura chiamata infanzia

Il punto di partenza del viaggio complessivo denominato "infanzia", dovrebbe essere quello di *trovare e costruire i talenti personali unici di ogni bambino*, mentre il punto di arrivo dovrebbe essere:

LO SVILUPPO DELL'INDIPENDENZA
DELL'INDIVIDUO

Andando più nel dettaglio, abbiamo affermato che la natura dota ciascun bambino di grandi riserve di energia da spendere per esplorare il mondo ed imparare da esso.

Compito delle figure di riferimento (genitori in primis) dovrebbe essere quello di comprendere e implementare ogni singolo punto di forza dei loro piccoli e non cercare di trovare il modo per farli stare il più possibile tranquilli. Il bambino, in altre parole, deve avere la possibilità di sperimentare e mettersi alla prova per riuscire a realizzare il proprio percorso di crescita.

Oggi l'interiorità è stata tenuta molto più in considerazione rispetto al passato, anche in età infantile, e sappiamo quanto ogni individuo venga motivato dall'aver compiuto scelte personalmente appaganti, piuttosto che aderire a richieste pervenute da altri, allo scopo di ottenere gratificazioni esterne.

Allevare un bambino è un compito delicato e difficile: ha bisogno di capacità di leadership e di strategie. Lo sviluppo umano è lento e faticoso, ma può essere considerato un viaggio incredibilmente eccitante, benché necessiti di molti anni di guida e supporto da parte degli adulti. L' energia dei cuccioli d'uomo può essere prodigiosa, ma il loro spirito è ancora piccolo e fragile e ha bisogno di sensibile appoggio e nutrimento per crescere, fortificarsi e diventare sempre più autonomo.

Spesso, anche come genitori, ci sentiamo disorientati di fronte alle richieste dei nostri bambini in quanto la loro carica vitale è tale da mettere le nostre energie a dura prova.

Innanzitutto non spaventiamoci dato che saremmo un pessimo esempio per loro...

Abituiamoci invece a ricavare, anche se è difficile, un po' di tempo privilegiato da dedicare a loro durante la giornata, in modo da conoscerli meglio e aiutarli ad "incanalare" nella giusta direzione la loro inesauribile energia.

5. I sei principi chiave del programma

Il Flourishing Programme identifica ciò che i bambini necessitano per uno sviluppo sano e felice.
Al suo interno possiamo delineare sei principi chiave da provare a seguire:

I. *OGNI BAMBINO È DIVERSO*

Ogni bambino possiede una combinazione unica di capacità, temperamento e vitalità che determinerà come lui risponderà agli stimoli derivanti dal mondo esterno. Importantissimo quindi, perché il programma funzioni, è conoscere veramente il bambino. Non bisogna aspettarsi di trovare in un bimbo quello che abbiamo in mente noi, ma lavorare su ciò che c'è.

II. *I BAMBINI NON SONO COME CRETA IN ATTESA DI ESSERE MODELLATA*

L' essere umano inizia la propria esistenza non sapendo niente, ma dotato di un enorme potenziale per svilupparsi in un' individualità unica. Essa sarà il risultato dell'interazione di geni e ambiente in ugual misura. Ogni tentativo di modellare un bambino sulla copia di qualcun altro condurrà sicuramente a scontentezza e frustrazione da entrambe le parti. I bambini messi sotto pressione risponderanno inoltre producendo stress e il loro benessere ne risentirà seriamente, oltre al fatto che spesso la loro motivazione verrà meno e opteranno per non fare più niente.

III. UN POTENZIALE UNICO PUÒ ESSERE SCOPERTO E NUTRITO

Per conoscere un bambino si ha bisogno di tempo da trascorrere insieme a lui, in modo da sintonizzarsi sui suoi interessi e condividere esperienze. Con i ritmi odierni, trovare questo tempo può essere difficile: ogni famiglia dovrebbe sforzarsi di trovare un modo per rallentare e dedicare spazio a questo progetto.trovare i modi per dare a un bambino la nostra attenzione totale, sia come genitori che come professionisti che lavorano in campo infantile, è di vitale importanza per riuscire a capire la persona che ci sta davanti e costruire una relazione significativa con lei.

IV. GLI ADULTI FUNGONO DA SPECCHIO CHE RIFLETTE IL SÉ MIGLIORE DEL BAMBINO

I bambini imparano progressivamente a capire sé stessi dalle reazioni degli altri intorno a loro. Voi adulti siete lo specchio e, per la maggior parte della prima decade dell'infanzia, i bambini sanno cosa vogliono ma non riescono a capire se le cose stanno procedendo sufficientemente bene. Perfino quando i ragazzi (superata la prima infanzia) cominciano a sviluppare la capacità di riflessione riguardo i propri progressi, l'apprezzamento e il feedback positivo da parte degli adulti li rende più positivi e sicuri di sé.

V. GUIDARE E RICOPRIRE UN MODELLO DA SEGUIRE

Guidare significa creare una relazione di supporto dove qualcuno con maggiore esperienza incoraggia qualcun altro a sviluppare il suo potenziale pienamente. Si può denominare questa figura un mentore. Questi è in grado di focalizzare le necessità degli altri per aiutarli a fare dei progressi.

Un mentore è colui che apprezza il potenziale di coloro che sta supportando e li incoraggia a far uscire la loro iniziativa personale e la capacità di trovare soluzioni in modo autonomo.

VI. *CAPIRE E INCONTRARE I PROPRI BISOGNI*

Una buona relazione con un bambino è radicalmente diversa da una relazione bilanciata fra due adulti, dove ognuno può supportare a vicenda i bisogni dell'altro. Una volta che avremo compreso quali diverse regole applicare, saremo in grado di far sì che i nostri stessi bisogni siano soddisfatti all'interno di questa relazione "sbilanciata", anche se, allo stesso tempo, staremo insegnando ai bambini a diventare socialmente sensibili, in altre parole a comprendere le necessità degli altri. Molti bimbi si trovano di fronte ad aspettative non realistiche da parte dei loro genitori, in special modo in quest'epoca, dove le famiglie sono meno numerose e i genitori stessi hanno meno relazioni così intime da riuscire a sostenere le loro stesse esigenze emotive.

6. Conclusioni

In questo capitolo abbiamo avuto modo di affrontare l'esperienza di Flow declinata per i bambini.

Dopo aver specificato le caratteristiche di interessi, valori e motivazioni ed il loro collegamento con il Flow, abbiamo presentato un sunto dell'opera di Jeni Hooper, psicologa dell'educazione. La Hooper ha lavorato per anni con i minori e ci dà indicazioni pratiche su come promuovere il fluorishing da parte di coloro che hanno quotidianamente a che fare con i bambini.

Il suo libro è sicuramente uno strumento prezioso che dà a noi adulti la possibilità di imparare a conoscere davvero i nostri bimbi e aiutarli a tirar fuori il meglio da sé stessi.

Il prossimo capitolo vi introdurrà alla nostra proposta, ovvero dei corsi confezionati appositamente per bambini dagli 8 agli 11 anni con lo scopo di far loro sperimentare il Flow, di cui abbiamo diffusamente trattato in questo testo.

I corsi saranno dedicati a non più di 6 bambini simultaneamente e offrono una gamma di attività creative, sia di tipo manuale sia mediate dall'uso di tablet.

Gli incontri che costituiranno ogni corso saranno otto con i bambini e due con i genitori.

L'idea di questi corsi vuol essere un modo per aiutare i più giovani a raggiungere un benessere che non sia solo momentaneo, ma si ripercuota anche negli anni a venire.

Approfondimenti bibliografici

[1]Cfr.CSIKSZENTMIHALYI, M., & CSIKSZENTMIHALYI, I.S.
(1988), Optimal experience: Psychological studies of flow in consciousness. Cabridge University Press, New York

[2]Cfr. GUICHARD, J., & HUTEAU, M.
(2003), Psicologia dell'orientamento professionale, Raffaello Cortina Editore, Milano

[3]Cfr. GNEEZEY, U., & RUSTICHINI, A.
(2000), "A Fine is a Prize", Journal of Legal Studies, 29, pp.1-17

[4]Cfr. LAUDADIO, A., & MANCUSO, S.
(2015), Manuale di Psicologia Positiva, Franco Angeli,Milano

[5]Cfr. SPRINI, G.
(2005), Gli interessi e la loro misurazione. Proposte teoriche e psicometriche dai pedagogisti del Settecento ai giorni nostri, Franco Angeli, Milano

[6]Cfr. MEDINA, J.
(2011), Naturalmente intelligenti. Istruzioni per lo sviluppo armonioso del cervello dei bam   bini della prima età, Bollati Boringhieri, Torino

[7]Cfr. BONINO, S., CATTELINO, E., CIAIRANO, S.
(2007), Adolescenti e rischio. Comportamenti, funzioni e fattori di protezione, Giunti Editore, Firenze

[8]Cfr. HOOPER, J.
(2012), What Children Need to Be Happy, Confident and Successful, Jessica Kingsley Publishers, London and LosAngeles

CAPITOLO IV

La nostra proposta

"Non si può consumare la creatività: più la usi, più ne hai."

Maya Angelou
(1928-2014)

Partiamo dall'apprendimento e dal presupposto che i bambini siano naturalmente equipaggiati per apprendere, già in tenera età. Pensiamo ad esempio a come imparano a padroneggiare facilmente la lingua che si parla nel loro ambiente senza l'ausilio di una grammatica o la guida di un professionista dell'insegnamento.

Nel corso dei primi anni di vita, i bambini di tutto il mondo acquisiscono una gamma di competenze decisamente sorprendente con un insegnamento formale limitatissimo e, nel quadro delle capacità umane, il linguaggio non è affatto un'eccezione. Imparano a cantare delle canzoni, a declamare poesie, ad andare in bicicletta, a danzare...

Ma allora come ci spieghiamo il fatto che i bambini piccoli che imparano così presto a padroneggiare sistemi simbolici come il linguaggio e forme d'arte come la musica spesso, quando entrano nella scuola, incontrano difficoltà enormi?

Eppure l'apprendimento scolastico attualmente si ritiene indispensabile in tutto il mondo alfabetizzato, benché sia diverso dall'apprendimento intuitivo.

Howard Gardner[1], eminente studioso in campo educativo, ci propone una sua analisi del problema. L'autore asserisce che la scuola, per come è concepita, anche quando sembra funzionare con successo manca i propri obiettivi più importanti.

Perché?

Riassumendo la sua teoria, ci sono otto aree di intelligenza diverse in ognuno di noi e tutte sono ugualmente importanti. Esse sono:

1. Linguistica
2. Logico-matematica
3. Spaziale
4. Musicale
5. Corporeo-cinestesica
6. Interpersonale
7. Intrapersonale
8. Naturalistica

Non esistono, secondo questa visione, bambini intelligenti o stupidi, ma bambini che hanno un'area o due in cui sono particolarmente forti e altrettante aree in cui sono particolarmente deboli.

Il tipo di istruzione che oggi somministriamo invece ai nostri alunni nelle scuole riguarda nozioni che vengono trasmesse unicamente nel modo classico della scrittura, lettura, memorizzazione. Questo tipo di apprendimento da molti soggetti è ritenuto noioso e spesso porta ad accumulare nozioni a memoria che poi vengono dimenticate dopo breve tempo. Si è visto invece che molto più efficace risulta essere un tipo di comunicazione multimediale, qualcosa cioè che utilizzi linguaggi diversi: parole, immagini, video, ecc. e che lo studente li possa utilizzare autonomamente e possa produrre perciò qualcosa di maggiormente tangibile.

Senza avere la pretesa di voler riformare in toto il sistema educativo odierno, desideriamo proporre, almeno nelle ore extra scolastiche, un corso innovativo che metta insieme capacità diverse dei bambini e sia, allo stesso tempo, coinvolgente e motivante.

Ma non è tutto.

Alla luce di quanto precedentemente illustrato circa l'esperienza di Flow, vorremmo offrire uno spazio adeguato all'interno della scuola, perché i bimbi possano sperimentare e riconoscere questo stato peculiare con l'aiuto di un tutor, con le implicazioni positive che esso comporta.

1. Uno sguardo oltreoceano

È utile ricordare, a questo proposito, che in U.S.A. esistono già da tempo degli istituti scolastici dove si pratica quotidianamente questo tipo di esperienza e i risultati sono considerevoli.

Questo è il caso della Key Learning Community dell'Indiana, dove, già nel 1984, si è pensato di costruire una scuola che tenesse conto delle differenze individuali di ogni bambino. Pur essendo una scuola pubblica, sia Primaria che Secondaria di Primo Grado (elementare e media), ha messo in pratica l'opera di H. Gardner circa le intelligenze multiple[2]. Lì, infatti, gli studenti vengono giudicati non solo sulle capacità di tipo linguistico e logico-matematico, ma vengono stimolati ad esprimersi anche nelle altre aree, che abbiamo presentato prima.

Figura 4.1.

Oltre a questo, si è pensato di includere il Flow nei metodi di insegnamento e lo stesso Csikszentmihalyi ne è molto fiero perché si è rivelato un successo!
Come funziona?
Nella scuola è presente un'aula apposita per il Flow, dove i ragazzi possono trascorrere almeno un'ora alla settimana, con la libertà di esplorare nuovo materiale e provare a fare ciò che li fa sentire meglio: disegnare, suonare uno strumento, giocare al pc e così via. Questo è sicuramente uno degli spazi favoriti all'interno della scuola dai bambini/ragazzi.
La cosa più importante, però, è che ogni insegnante - indipendentemente dalla materia trattata - è conscio di quanto sia importante per ogni bambino fare esperienza dello stato di Flow mentre sta imparando, perché questo lo renderà desideroso di imparare ancor di più. Ogni docente ha provato

a rendere la propria materia di studio più interessante, in modo che i bambini ne rimangano subito coinvolti: dando obiettivi chiari da perseguire e feedback immediati sull'operato degli alunni, proponendo loro delle sfide che siano congruenti con le risorse di ognuno. Tutto questo nel tentativo di motivare maggiormente i loro alunni, cosicché essi attendano con gioia la prossima lezione piuttosto che esserne spaventati o annoiati.

Una cosa interessante che la Key School ha fatto è stata quella di ingaggiare un tecnico video con una videocamera e intervistare e filmare ogni bambino all'inizio dell'anno scolastico, chiedendo perché ognuno di essi desidera andare a scuola e cosa spera di raggiungere alla fine dell'anno.

Ad inizio anno la scuola sceglie tre temi che dovranno guidare il lavoro degli studenti e, per il resto del periodo scolastico, qualsiasi progetto nel quale i bambini saranno coinvolti, verrà registrato sulla medesima cassetta. Alla fine dell'anno, ogni bambino potrà possedere un filmato che comprenderà sia le aspettative iniziali, sia che cosa effettivamente è successo.

Questo metodo è stato ritenuto molto importante a livello psicologico dallo stesso Csikszentmihalyi, poiché sposta la responsabilità dell'apprendimento sul bambino che, in tal modo, è maggiormente coinvolto nel processo stesso.

La cosa bella e interessante, prosegue Csikszentmihalyi, è che il gruppo di otto maestri che si è formato per creare questo nuovo approccio all'insegnamento, non era qualcosa di speciale: si trattava di normali insegnanti di scuola pubblica che erano stufi di combattere l'inefficienza del sistema scolastico e hanno provato a inventare qualcosa di nuovo. Sono riusciti a tirar fuori qualcosa di molto raro: hanno creato un ambiente dove i bambini amano imparare, dove li si vede ridere e dove sono coinvolti in progetti interessanti[3].

Questa esperienza americana ci dice che non è impossibile un miglioramento dei metodi di insegnamento, a patto che le singole persone siano veramente motivate e si focalizzino su questo obiettivo. Non sforzandosi, non cambierà niente!

La scuola rappresenta oggi l'istituzione primaria per l'apprendimento, l'educazione e la socializzazione del bambino e anche il luogo ideale per promuovere la salute e attuare interventi di prevenzione[4].

È per questo che, nell'intento di implementare il benessere e prevenire disagi emotivi che spesso si riflettono proprio sull'andamento scolastico dei bambini, abbiamo organizzato questo corso.

Progettandolo, si è cercato di trovare delle attività semplici da svolgere ma anche coinvolgenti: che possano favorire una concentrazione profonda, poiché essa è parte integrante dello stato di Flow.

Non è sempre facile da ottenere in una classe ma abbiamo esempio di scuole con moduli più flessibili, come Le Case dei Bambini Montessori, dove gli studenti non vengono spesso interrotti e riescono a raggiungere una migliore concentrazione.

Inoltre scegliere attività che si basano sulla manualità come costruire oggetti, creare manufatti artistici e risolvere problemi pratici, aiuta a raggiungere lo stato di Flow meglio che leggere e scrivere, ad esempio.

2. Descrizione del nostro corso

Abbiamo pensato ad una serie di **otto** incontri pomeridiani che avranno luogo al termine delle lezioni scolastiche, approssimativamente alle ore 17:00.

Ogni incontro avrà la durata di **90 minuti** e sarà strutturato in tre momenti diversi:
- **20 minuti** per la presentazione dell'attività da eseguire, la scelta e l'organizzazione del materiale a disposizione;
- **40 minuti** per lo svolgimento delle attività vere e proprie;
- **30 minuti** per la restituzione del materiale utilizzato, per la compilazione di tre schede meta cognitive e per dialogare con il tutor circa il lavoro appena terminato.

Il gruppo sarà composto da un numero massimo di **6 bambini**. I bambini   saranno suddivisi in fasce di età omogenea. Poi ne spiegheremo il motivo.

➡**GRUPPO VERDE: 8 - 9 anni**
   (terzo anno Primaria)

➡**GRUPPO ARANCIO: 9 -10 anni**
   (quarto anno Primaria)

➡**GRUPPO AZZURRO: 10 -11 anni**
   (quinto anno Primaria)

L'età dovrebbe abbracciare, in altre parole, l'arco temporale che va dalla terza alla quinta classe della scuola primaria.
Il motivo di questa scelta non è casuale, ma deriva dalle capacità dei bambini di verbalizzare il proprio vissuto e le emozioni ad esso collegate. Si può considerare che, da varie ricerche, è emerso che i bambini, a partire dai 7-8 anni di età,

possedendo buone capacità mnemoniche, verbali e riflessive, possano essere le fonti di informazioni principali soprattutto quando si parla del loro benessere.

Parte integrante dell'esperienza proposta, che non può essere paragonata ad uno dei tanti corsi esistenti per lo sviluppo di attività creative nell'infanzia, è il fatto di riuscire a parlare di come ci si è sentiti durante lo svolgimento delle varie attività, e a ciò si arriva pienamente solo al di sopra di una certa soglia di età.

A questo proposito, forniamo un accenno alle schede che verranno consegnate ai bambini subito dopo la fine dell'esperienza.

Si tratta di schede meta cognitive molto semplici e intuitive da riempire in pochi minuti, il cui scopo è quello di mettere il bambino nella condizione di fare una valutazione circa il proprio operato.

Ma che cos'è la meta cognizione?

Con molta semplicità la si può definire come la consapevolezza e il controllo che l'individuo esercita sui propri processi cognitivi. Grazie all'attività meta cognitiva, una persona è in grado di riconoscere quello che sta facendo, interviene per scegliere la strategia più adatta in ogni fase del compito, ne controlla l'applicazione, verifica se i risultati sono soddisfacenti, se il lavoro può ritenersi concluso e così via[5].

3. Cosa faranno i bambini?

Sono previste attività diversificate che si alterneranno durante lo svolgimento del corso e che possiamo far rientrare in due macro aree:

A. ATTIVITÀ CREATIVE MANUALI
B. ATTIVITÀ CON USO DI TABLET

Quattro incontri saranno dedicati alle attività di tipo A e quattro alle attività di tipo B. Il tutor deciderà come alternarle durante la progressione del corso.

Una delle differenze fra le due aree è che le attività di tipo A potrebbero essere accompagnate dall'ascolto di musica classica, qualora i piccoli non riuscissero a stare in silenzio.

Rimandiamo al prossimo capitolo per una descrizione dettagliata delle varie esperienze proposte, ma forniamo qui una breve panoramica circa il tipo di operato richiesto ai bambini.

Per le attività di tipo **A** si intende:
• esecuzione di disegni a partire da più figure geometriche già predisposte, con la sfida ulteriore di posizionare il disegno realizzato su uno sfondo congruente;
• scomposizione di un oggetto di fantasia già realizzato con vari materiali, con la consegna di ricostruire qualcosa di diverso che abbia per il bambino un significato affettivo particolare;
• ascolto di brevi fiabe con la consegna di realizzare la storia mediante uno o più disegni;
• invenzione e rappresentazione di brevi fiabe, sia con parti scritte sia con eventuali illustrazioni, con la consegna di

scegliere tre o più personaggi a caso fra una serie di carte già predisposte.

Per le attività di tipo **B** si intende invece l'esecuzione di giochi su tablet, adatti a promuovere le capacità dei bambini e facilitanti l'esperienza di Flow.

Una volta terminato il tempo dedicato al lavoro manuale o al gioco tecnologico, i bambini verranno invitati a riporre i loro strumenti di lavoro per iniziare, durante gli ultimi 30 minuti del corso, un momento di confronto e di dialogo assieme al tutor.

Per prima cosa egli consegnerà ai bambini le tre schede meta cognitive di cui si è già parlato. Poi inizierà uno scambio verbale tutti insieme. Quest'ultima parte di ogni incontro riveste una notevole importanza, perché dà la possibilità ai bambini di riflettere subito su quello che hanno appena terminato di fare. Inoltre lo psicologo/tutor li stimolerà a verbalizzare le loro emozioni al riguardo e a riconoscere l'eventuale stato di Flow raggiunto.

I lavori, una volta terminati, potranno essere portati a casa e mostrati alle   figure di riferimento: genitori, nonni ecc. per avere, anche con loro, la possibilità di condividere uno spazio di parola riguardo il proprio operato.

Quanto raccolto dai genitori in ambito domestico verrà poi portato, su invito del tutor, nell'incontro previsto a conclusione del corso.

4. Perché le attività creative di tipo ludico?

La ricerca indica che la creatività riflette un'interazione complessa di fattori genetici e ambientali. Lo sviluppo creativo richiede infatti una specifica congruenza fra la predisposizione genetica e la stimolazione da parte di un ambiente facilitante[6].
Ciò nonostante, i bambini sono naturalmente creativi. Perché?
Sicuramente perché il gioco creativo aiuta a crescere e a crescere bene...

Il gioco è essenziale e non è detto che, per essere bambini motivati all'apprendimento e brillanti nello studio sia necessario iniziare in età precoce ad imparare a leggere e scrivere, anzi...
Una conferma indiretta si trova in una serie di studi che mostrano i limiti dei curricoli che puntano a un'alfabetizzazione precoce. Queste ricerche evidenziano che tali programmi garantiscono spesso ai loro alunni esiti di eccellenza nei test scolastici d'ingresso, riferiti ai primi elementi di letto-scrittura. A lungo termine, però, tali risultati abitualmente non si mantengono, in quanto coloro che, grazie ai curricoli ludici, hanno sviluppato maggiore stabilità emotiva, motivazione verso la conoscenza e capacità di autoregolazione, riescono in breve tempo a raggiungere e superare i compagni che possedevano già conoscenze specifiche di tipo scolastico[7].
Tali ricerche confermano dunque che, per favorire il successo nell'apprendimento a scuola, non occorre anticipare e incrementare i contenuti da proporre ai bambini: è necessario piuttosto stimolare in modo graduale lo sviluppo dei piccoli, perché le loro strutture cognitive siano in grado di elaborare in maniera significativa i contenuti proposti, conservando il piacere di apprendere. Si tratta inoltre di favorire una crescita

sana in tutte le dimensioni, compresa la sfera emotiva, che prevede l'autoregolazione e una stima realistica di sé. I curricoli ludici, con la mediazione adulta, sembrano essere i più adeguati per rispettare queste esigenze. Il gioco è infatti un contesto privilegiato per favorire lo sviluppo progressivo di competenze cognitive e socio emozionali, indispensabili anche per il successo scolastico[8].

Il fatto di introdurre nel nostro corso anche incontri dove si svolgono attività su tablet non è una scelta casuale. Sappiamo tutti che spesso un video giocatore non riesce a staccare gli occhi dallo schermo... questo perché è stato provato che anche questo tipo di esperienze sono in grado di favorire il nostro ingresso nello stato di Flow.

Per concludere: il gioco è una di quelle attività naturalmente preposte alla modificazione del nostro flusso di coscienza, guidandoci oltre l'ordinario e agevolando la possibilità di ingresso nell'Esperienza Ottimale caratterizzata da emozioni fortemente positive[9].

5. Conclusioni

Questo capitolo è iniziato con una riflessione sull'insegnamento a scuola ed una breve sintesi della teoria di Howard Gardner circa l'esistenza di intelligenze multiple in ognuno di noi.

A questo proposito si è descritta l'esperienza della Key Learning Community dell'Indiana che, pur essendo una scuola pubblica, è riuscita a sviluppare al suo interno un metodo educativo che riflettesse la teoria di Gardner e a creare uno spazio curricolare anche per l'esperienza di Flow.

Siamo arrivati poi alla presentazione generale dei nostri corsi pensati per i bambini degli ultimi tre anni della scuola primaria.

È stata descritta, a questo riguardo, sia l'organizzazione dettagliata dei corsi stessi, sia i loro contenuti, specificando le varie attività che i bambini saranno chiamati a svolgere. Il capitolo si é concluso con uno sguardo rivolto al significato delle attività creative di tipo ludico, che sono parte preponderante dell'esperienza da noi proposta.

Nel capitolo che segue presenteremo un esempio delle schede pratiche che costituiranno il corso, così da potervi fare un'idea più precisa del lavoro che dovranno svolgere i bambini. Potrete trovare nel dettaglio le quattro schede per le attività di tipo manuale e le quattro schede per le attività supportate da tablet. Per alcune delle attività di tipo manuale verranno forniti esempi dei materiali utilizzati, mentre per quelle multimediali sarà fornita la descrizione e l'obiettivo dell'applicazione scelta. Seguirà poi una scheda per la progettazione iniziale degli incontri che verrà utilizzata dal tutor all'inizio di ogni corso. Per concludere presenteremo gli schemi delle tre schede meta cognitive che verranno proposte ai bambini appena terminate le attività.

Approfondimenti bibliografici

[1]Cfr. GARDNER, H.
(1991), Educare al comprendere. Stereotipi infantili e apprendimento scolastico, Feltrinelli, Milano

[2]Cfr. ARMSTRONG, S.
(2002), "The Key to Learning: A Place for Meaningful Academic Exploration. Projects, portfolios, and presentations rule a school founded on Howard Gardner's theory of multiple intelligences." in Edutopia, July 6, 2015

[3]Cfr. CSIKSZENTMIHALYI, M.
(2002), "Motivating People to Learn" in Edutopia, September 7, 2015

[4]Cfr. RUINI, C. et al.
(2007), "L'applicazione della Well Being Therapy in ambito scolastico: uno studio pilota." Rivista di Psichiatria, 42, 5 pp. 320-326

[5]Cfr. RE, A.M., CAZZANIGA, S., et al.
(2009), Io scrivo. Valutazione e Potenziamento delle Abilità diEspressione Scritta, Giunti Scuola, Firenze

[6]Cfr. EYSENCK, H.
(1995), Genius: The natural history of creativity. Cambridge University Press

[7]Cfr. BERGEN, D.
(2002), "The Role of Pretend Play in Children's Cognitive Development" in ECRP Early Childhood Research & Practice, vol.4, n. 1

[8]Cfr. RICCHIARDI, P. & COGGI, C. (2011), Gioco e potenziamento cognitivo nell'infanzia - La teoria - Comprensione, memoria, ragionamento, capacità critica e creatività, Giunti Scuola, Firenze

[9]Cfr. ARGENTON, .L. & TRIBERTI, S. (2013), Psicologia dei videogiochi, Apogeo, Milano

CAPITOLO V

Schede degli incontri con i bambini

"Capire è scoprire, o ricostruire attraverso la riscoperta, e ciò va tenuto in considerazione se in futuro si vorranno formare persone in grado di creare il nuovo e non solo semplicemente di ripetere ciò che già esiste."

Jean Piaget
(1896 - 1980)

Presentiamo in questo capitolo un esempio delle schede proposte che costituiscono i vari incontri del corso. Guardandole sarà possibile farsi un'idea più precisa di ciò che i bambini faranno durante le attività individuali.

Alla fine del capitolo si trova anche un'appendice A che mostra una scheda preliminare compilata dal tutor prima di iniziare il corso e un'appendice B dove sarà possibile vedere le tre schede meta cognitive che verranno proposte ad ogni bambino per valutare il proprio gradimento circa le attività appena svolte e il suo coinvolgimento complessivo nel corso.

ATTIVITÀ "A" - SCHEDA 1

DISEGNO A PARTIRE DA FIGURE GEOMETRICHE

Obiettivo

È quello di mettere alla prova le capacità creative del bambino e provare a farlo immergere in un'attività piuttosto semplice ma coinvolgente come il disegno e, allo stesso tempo, sufficientemente difficoltosa perché fornita di alcuni vincoli, in modo da rappresentare un compito adeguato rispetto all'età. In questo modo il bambino dovrebbe riuscire a raggiungere lo stato di Flow che, con la semplice consegna di disegnare liberamente, sarebbe più difficile da ottenere in quanto non si creerebbe una situazione di sfida del tipo: "Ce la posso fare a creare un disegno che abbia un senso, senza modificare le figure geometriche che mi hanno dato?".
A proposito del disegno Jung diceva: "Parlo per immagini, non posso esprimere in altro modo le parole che vengono dal profondo".

La sfida proposta

Daremo al bambino uno stimolo di tipo grafico dal quale partire per creare un disegno. Si partirà da figure geometriche diverse ma dello stesso colore - in numero crescente a seconda della fascia di età - già posizionate su un cartoncino bianco dalle dimensioni di metà foglio A4. Ogni bambino avrà la possibilità di scegliere le figure del colore che preferisce fra quelle proposte.
Si suggerirà ai partecipanti di creare un disegno riguardante una situazione di fantasia, oppure una situazione di vita realmente vissuta . Questo può aiutare il bambino a connotare emotivamente il suo operato, utilizzando anche il ricordo, oltre la propria creatività.

Qualora il disegno venga terminato prima del tempo pattuito, il bambino dovrà incollare il disegno creato su un altro foglio da disegno bianco di dimensioni A4, che servirà da sfondo, contestualizzando il proprio disegno.

Ad esempio se il bambino avrà realizzato un castello partendo dalle forme geometriche date, poi dovrà creare il paesaggio che lo circonda.

Materiale

Per questa attività occorrono:
- una scheda con figure geometriche già realizzate come nell'esempio che segue;
- fogli da disegno misura A4 di colore bianco (per gli sfondi);
- matite di grafite;
- gomme da cancellare;
- matite colorate;
- pastelli a cera;
- pennarelli;
- forbici;
- colle stick.

SCHEDA DI COLORE ROSSO

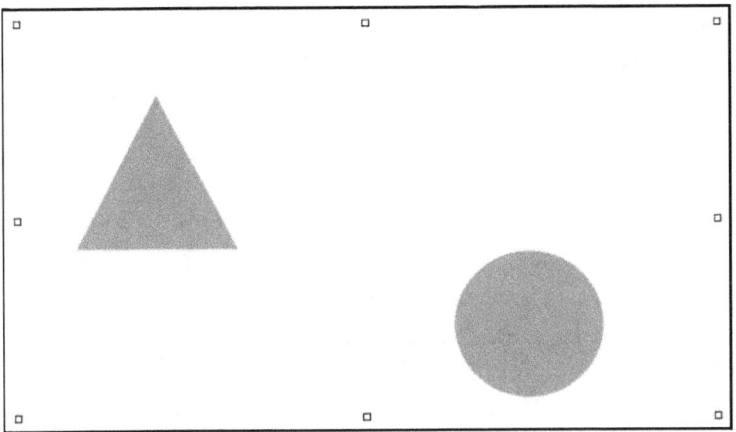

Figura 5.1.

Esempio di proposta da parte del tutor

Adesso bambini vi sarà dato un foglio con alcune figure geometriche. Ogni foglio contiene due o più figure dello stesso colore. Voi di che colore siete oggi? Siete liberi di scegliere il colore che preferite.

Il gioco consiste nel far diventare queste figure qualcos'altro a vostro piacimento, creando un bel disegno. Il disegno può riguardare qualsiasi cosa: l'importante è che non modifichiate le figure geometriche già tracciate sul foglio.

Se volete potete creare dei disegni che riguardano una situazione che avete vissuto e che vi ha particolarmente colpito. Potete utilizzare la tecnica che preferite scegliendo fra il materiale a disposizione sul tavolo. Avete a disposizione mezz'ora di tempo. Per chi finisce il disegno in anticipo, la sfida continuerà creando, su un foglio A4 bianco, lo sfondo adatto per il vostro disegno.

Cercate di impegnarvi al massimo senza parlare e accendete la vostra fantasia. Buon lavoro!

ATTIVITÀ "A" - SCHEDA 1 (in *alternativa*)

DISEGNI SEMPLICI A PARTIRE DA 4 FORME GEOMETRICHE

Esempio di proposta da parte del tutor

Tante volte, vedendo un bel disegno, vorremmo saper disegnare così! Il fatto di non riuscirci non significa che non possiamo provare a fare del nostro meglio; se poi si conosce qualche strategia, disegnare risulterà più facile!
Esistono per esempio delle forme semplici - come il cerchio, il quadrato, il triangolo, l'ovale, il rettangolo - che potete modificare leggermente o arricchire di alcuni particolari e ci possono aiutare a creare delle figure. Provate ora a disegnare oggetti semplici come una casa, un cucchiaio, una mela, una valigia, utilizzando le forme base proposte nel foglio prestampato.
State in silenzio e lasciate fluire la vostra creatività. Buon lavoro!

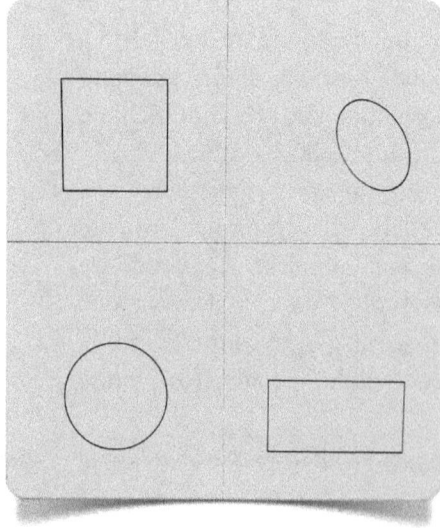

Figura 5.2.
Illustrazione riadattata da: Cornoldi et al., 1997, "Abilità visuo spaziali", Trento, Erickson.

ATTIVITÀ "A" - SCHEDA 2
SMONTAGGIO E COSTRUZIONE DI OGGETTI

Obiettivo

È quello di implementare la fantasia del bambino con l'utilizzo della manualità, provando a fargli smontare e ricostruire vari oggetti. Il Flow, come abbiamo visto, è sempre collegato al "fare": che si tratti di un'attività sportiva o creativa, presuppone comunque un'azione. Per il bambino usare le mani per smontare un oggetto che non ha mai visto, usare la mente per immaginarne un altro per poi provare a costruirlo, dovrebbe fornire lo stimolo adeguato perchè possa entrare in stato di Flow.

La sfida proposta

Verranno presentati ai bambini diversi materiali assemblati insieme a costruire un oggetto senza senso, di fantasia.
Si proporrà loro di smontare questo manufatto e di assemblarlo di nuovo, cercando però di realizzare un oggetto che abbia un significato, cioè che possa rappresentare per loro qualcosa di affettivamente importante.
Può essere il gioco preferito: un'auto, un pallone, una bambola, anche un animale o altro.
Può riguardare un ricordo di vita vissuta, piacevole o anche spiacevole piuttosto che un desiderio.
L'oggetto scelto dovrebbe avere come caratteristica peculiare il pieno interesse da parte del bambino.

Materiale

Per questa attività occorrono:
- materiali riciclati
  (tazzine di plastica, imballo di uova, ecc.);
- cartoncini colorati;
- forbici, colle stick e viniliche;
- scotch di carta e graffette colorate;
- pannolenci e ritagli di stoffa;
- bottoni e strass.

Figura 5.3.
Fotografia rappresentante una "bambola" inventata a partire da un oggetto costituito da:
una parte di imballo per uova, un pezzo di stoffa, un cartoncino blu, due graffette ed un bicchierino arancione.
Il manufatto é stato creato da una ragazzina di 12 anni.

Esempio di proposta da parte del tutor

Adesso bambini vi farò vedere degli strani oggetti di fantasia formati da materiali diversi. Ne assegnerò uno a ciascuno di voi.

Il gioco consiste nello smontarlo e nel pensare cos'altro può diventare. Dovrete pensare cosa poter costruire aiutandovi anche con le forbici, lo scotch di carta e le graffette, ma riutilizzando tutti i pezzi che avete in dotazione. Vorremmo che realizzaste un oggetto che abbia un senso e che sia importante per voi. Potete ad esempio cercare di riprodurre quell'oggetto che, quando eravate piccoli, vi ha tenuto compagnia mentre la mamma non c'era, durante la permanenza alla scuola d'infanzia o durante le vostre ore di riposo.

Oppure potete provare a realizzare il vostro gioco preferito: una bambola, un'automobilina, un treno, una palla, un robot, ecc.

Cercate ora di concentrarvi e stare in silenzio.

Buon lavoro!

ATTIVITÀ "A" - SCHEDA 3
ASCOLTO DI UNA FIABA E RAPPRESENTAZIONE

Obiettivo

È quello di aiutare i bambini a comprendere e gustare una fiaba letta ad alta voce per poi poterla rappresentare graficamente secondo l'immagine mentale che se ne sono creati. Anche in questo caso la sfida non è banale, perchè, oltre a capire di cosa parla la storia, i bambini dovranno decidere come "metterla in scena", creando uno o più disegni che la possano far capire a chi la storia non l'ha udita. L'impegno e l'ingegno necessari per questa attività dovrebbero fornire, anche in questo caso, la possibilità di entrare in stato di Flow.

La sfida proposta

Partendo dall'ascolto di una breve fiaba letta ad alta voce da parte del tutor, i bambini verranno stimolati a realizzare una o più scene che la rappresentino.
Potranno scegliere il materiale che preferiscono, e lasciar fluire la loro fantasia realizzando la storia appena udita come meglio credono: saranno liberi di utilizzare un foglio suddiviso in quattro parti o più fogli uniti insieme, come si trattasse di un vero libro.
Per il gruppo dei più grandi si chiederà di aggiungere brevi didascalie alle illustrazioni in modo da rendere più esplicita la fiaba.

Materiale

Per questa attività occorrono:
- matite di grafite, gomme, graffette;
- fogli bianchi formato A4 e A3;
- cartoncini di vari colori;
- matite colorate, pennarelli e pastelli a cera;
- forbici;
- colle stick e colle viniliche.

Esempio di proposta da parte del tutor

Oggi bambini vi leggerò una breve storia: non importa se qualcuno di voi la conosce già,   l'importante è che la ascoltiate attentamente e la comprendiate.
Terminata la lettura vi chiederò di rappresentare quello che avete appena udito con una serie di immagini: su un unico foglio oppure su fogli diversi, a vostro piacimento. Potete anche scrivere sotto le immagini delle brevi spiegazioni, oppure no.
Potete utilizzare i materiali che trovate su quel tavolo.
Lavorate per favore in silenzio e cercate di stare concentrati.
Buon lavoro!

Figura 5.4.
Esempio di storia composta da più disegni.

ATTIVITÀ "A" - SCHEDA 4
INVENZIONE DI UNA FIABA

Obiettivo
È quello di aiutare il bambino ad inventare una fiaba partendo da tre o più personaggi già definiti. Questo esercizio di fantasia dovrebbe costituire una sfida adeguata e coinvolgente al tempo stesso e fornire al bambino la possibilità di "tirar fuori", mediante un linguaggio metaforico, le proprie emozioni. Il Flow dovrebbe essere raggiunto grazie allo sforzo di inventare e mettere "nero su bianco" una storia che abbia per protagonisti quelli ricevuti grazie al caso, abbia una trama sensata, e si sviluppi a partire da una situazione passata, arrivi al presente e preveda una situazione futura.

La sfida proposta

Il tutor farà scegliere a ciascun partecipante tre o più carte - a seconda dell'età del bambino - che dovranno rappresentare i protagonisti di una storia da inventare. Poi chiederà che venga inventata una fiaba soltanto scritta oppure anche illustrata, che si sviluppi però almeno secondo tre sequenze temporali: un passato, un presente ed un futuro.
I bambini verranno lasciati liberi di "confezionare" la storia secondo i loro gusti ed utilizzando il materiale che preferiscono.
Al gruppo dei più grandi sarà richiesto di scrivere piuttosto che di disegnare.
Nell'ultima mezz'ora ogni bimbo racconterà in modo succinto la propria fiaba agli altri.

Materiale

Per questa attività occorrono:
* matite di grafite o penne cancellabili;
* fogli bianchi formato A4 e fogli quadrettati;
* matite colorate e pennarelli;
* carte con i vari personaggi.

Esempio di proposta da parte del tutor

Oggi bambini vi verrà chiesto di inventare una fiaba!
Potrete mettere alla prova la vostra fantasia ma, per aiutarvi, ognuno di voi sceglierà delle carte: ognuna di esse conterrà il nome di un personaggio che sarà uno dei protagonisti della vostra storia. Dato che il tempo non è molto, la fiaba non dovrà essere troppo lunga ma sarà necessario che si snodi attraverso tre unità di tempo diverse: un passato, un presente ed un futuro.
La storia va scritta su un foglio, ma potete completarla anche con delle illustrazioni a vostro piacimento e utilizzare il materiale che preferite.
Ognuno di voi avrà poi la possibilità di raccontare agli altri la fiaba che ha inventato.
Forza allora, state in silenzio, e create... Buon lavoro!

ESEMPI DI CARTE CON I PERSONAGGI

PERSONAGGI DI FANTASIA:

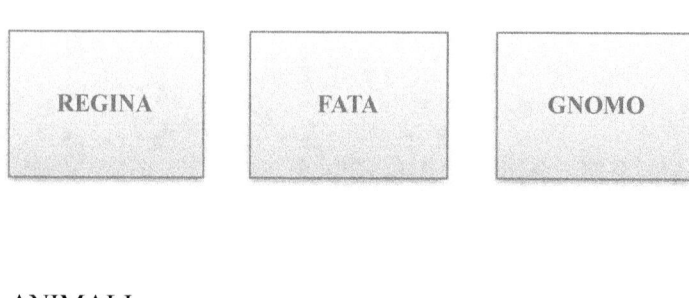

ANIMALI:

ARTI E MESTIERI:

ESEMPIO DI FIABA

CARTE: LA SARTA, IL PESCIOLINO, IL CAVALLO
TITOLO: MARTA LA SARTA
AUTRICE: ELISA 12 anni

C'era una volta una sarta che viveva in un piccolo paese di montagna. Era tanto buona e d'animo gentile e, malgrado non fosse bellissima, le volevano tutti un gran bene.

Nel suo lavoro era davvero molto brava, poiché i vestiti che confezionava lei non riusciva a imitarli nessun altro.

C'era infatti un segreto che le apparteneva: dietro la sua grande bravura c'era addirittura LA MAGIA. Tutti gli abiti che metteva in opera erano rifiniti da fili di raggi di luna, paillettes di polvere di stelle, strass di gocce di rugiada che comparivano magicamente nel suo negozietto quando ne aveva necessità.

Nonostante la grossa soddisfazione che la sarta Marta riceveva dal suo lavoro, lei non era molto felice, perché il suo più grande desiderio era... immaginate un po'... gestire una grande fattoria piena di animali!

Proprio così, non sognava altro... e, per sentirsi un po' in compagnia dei suoi adorati animali, sceglieva di utilizzare stoffe per i suoi abiti che li rappresentassero oppure metteva un piccolo animale nascosto come ornamento, anche quando non le veniva richiesto.

Come per tutte le persone buone, anche Marta aveva un angioletto che l'aiutava e la proteggeva. Così, un giorno, esso decise di realizzare il sogno della sua protetta e fece giungere alle orecchie della sartina la necessità di creare un lungo abito con sopra tanti pesci colorati.

Marta, contenta, si mise subito all'opera e dopo due giorni l'abito era praticamente terminato. Quale non fu però il suo stupore quando, mentre era in procinto di rifinire l'ultimo pesce... questo si mise a parlare! D'altronde sappiamo che in quel negozio c'era qualcosa di magico...

E cosa disse il pesciolino? Riferì alla donna stupefatta che avrebbe dovuto consegnare il vestito al grande fiume che attraversava il paese.

Nonostante per lei la richiesta fosse senza alcun senso, Marta si fidò di quello che le aveva detto il pesce parlante e la mattina dopo, di buon'ora, si recò sulla riva del fiume, si sporse e vi immerse l'abito.... in pochi secondi da esso spuntarono tre cavalli maestosi: uno nero come il carbone, uno bianco come la neve ed uno rossiccio come la brace.

La donna, quando si riprese dallo stupore, interpretò l'accaduto come un segno... decise di lasciar perdere il suo lavoro da sarta, abbandonare il villaggio ed utilizzare tutti i suoi risparmi per andare a edificare la tanto desiderata fattoria.

Ahh...desideravo anche dirvi che, naturalmente i tre cavalli nati dalle acque del fiume, rimasero sempre con lei.

ATTIVITÀ "B" - SCHEDA 5

Applicazione: TANGRAM HD

Descrizione del gioco

Il gioco del Tangram ha origini molto antiche.

È un gioco di origine cinese, ottenuto scomponendo un quadrato in sette parti dette tan: un quadrato, un romboide, e cinque triangoli rettangoli isosceli, di cui due grandi, uno medio e due piccoli.

È conosciuto come "Le sette pietre della saggezza" perché si diceva che la padronanza di questo gioco fosse la chiave per ottenere saggezza e talento.

Combinando opportunamente i pezzi del Tangram, è possibile ottenere un numero pressoché infinito di figure, alcune geometriche, altre che ricordano oggetti d'uso comune, ecc.

Qualsiasi figura realizzata con il Tangram deve essere costituita impiegando tutti i sette pezzi.

Giocare con il Tangram può sembrare facile, soprattutto quando lo si vede già assemblato sotto forma di quadrato, ma non lo è, soprattutto se si è alle prime armi.

È anche possibile rappresentare lo stesso soggetto in posizioni differenti e quindi il Tangram si può utilizzare anche per illustrare storie e per realizzare cartoni animati.

Una caratteristica notevole di molte figure Tangram è quella di suggerire all'immaginazione molto più di quanto effettivamente rappresentano: di fatto si tratta di illusioni ottiche; le figure Tangram nella loro essenzialità ed efficacia offrono una ricchezza percettiva simile a quella della pittura zen che si basa sull'idea che "la tavolozza della mente è più ricca di quella del pennello".

Le figure Tangram ricordano nella loro espressività le silhouettes o i giochi d'ombra con le mani.
Esso offre così notevoli spunti allo studio della percezione visiva e può essere impiegato come base di test psicologici.

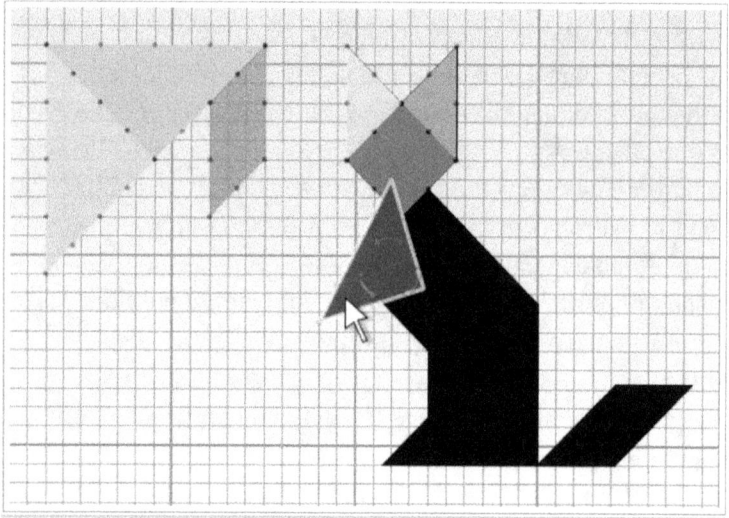

Figura 5.5. *Esempio di figura composta con forme Tangram.*

Perchè abbiamo scelto questa applicazione?

La nostra proposta è di far giocare i bambini ad un Tangram su tablet. Componendo la figura proposta utilizzando le forme geometriche già definite, essi dovrebbero essere sufficientemente concentrati in modo da entrare in stato di Flow.
Abbiamo scelto questa fra le tante versioni esistenti, perché opportunamente adattabile all'età dei bambini. I più piccoli avranno infatti la possibilità di utilizzare una o più volte degli aiuti, qualora non riescano ad assemblare i pezzi nel modo corretto.

Per i più grandi la consegna sarà di non utilizzare gli aiuti per far sì che la sfida risulti più complessa.

Quando la figura scelta verrà completata, si colorerà completamente e subito dopo si gireranno altre due figure disponibili da assemblare, fra le quali il bambino potrà scegliere la preferita. Questo fornirà una gratificazione e insieme un incentivo a continuare a giocare, dando al piccolo la libertà di scelta fra figure rappresentanti animali, forme geometriche, numeri, e così via.

ATTIVITÀ "B" - SCHEDA 6

Applicazione: TOCA NATURE

Descrizione del gioco

Toca Nature è uno dei giochi educativi e adatti a conoscere il mondo proposti dalla società Toca Boca.

Nello specifico, Toca Nature è un gioco basato sulla natura: chi lo usa può piantare alberi, vederli crescere, formare foreste intere dove raccogliere bacche e funghi, costruire montagne e godersi il panorama dalla loro cima, riconoscere i diversi animali e individuare cosa mangiano e cosa no.

Con Toca Nature i bambini potranno anche fare amicizia con una volpe, vedere i picchi spostarsi da un albero all'altro ed il giorno diventare notte. Il programma permette veramente di dare forma alla natura, creando corsi d'acqua, foreste, montagne e interagendo con i diversi animali.

I bambini, infatti, avranno la possibilità di cimentarsi nel raccogliere del cibo e farne scorta per poi proporlo agli animali che popolano questo ambiente naturale e vedere se essi lo gradiscono oppure no. La scelta giusta comporterà che l'animale mangi il cibo e addirittura cresca a vista d'occhio!

Se lo gradiranno, il gioco dà anche la possibilità di scattare foto dell'ambiente o dell'animale preferito, da poter conservare.

Perchè abbiamo scelto questa applicazione?

Si tratta di un giocattolo digitale pensato per aiutare i bambini a esprimere la propria fantasia e, nello stesso tempo, a conoscere il mondo della natura. Interagendo con diversi animali i piccoli avranno la possibilità di fare amicizia con nuovi amici prendendosi cura di essi e fornendo loro del cibo. Questo costituirà una sfida in grado di insegnare ai bambini i rudimenti dell'accudimento e l'affetto verso gli animali visti nel loro contesto naturale.

Inoltre i bimbi potranno essere i protagonisti di un'avventura divertente che li dovrebbe coinvolgere totalmente e potrà essere sempre nuova. Anche questa applicazione ha quindi le giuste caratteristiche per far sperimentare ai bambini lo stato di Flow.

Figura 5.6. *Illustrazione di un poster pubblicitario dell'applicazione.*

ATTIVITÀ "B" - SCHEDA 7

Applicazione: IL RISTORANTE DEL DR. PANDA 2

Descrizione del gioco

Dr. Panda è uno sviluppatore di giochi per bambini. Si tratta di giochi di carattere didattico che aiutano i bambini a capire il mondo che li circonda.

Il gioco consiste nella gestione di un ristorante su una chiatta in mezzo al mare da parte di un Panda. I clienti vi vengono accompagnati in barca e sono sempre animali. Arrivano due clienti per volta e consumano il pasto all'aperto, sia di giorno che di sera.

La particolarità di questo gioco è che sono i clienti stessi ad indicare, con un'immagine, la pietanza che desiderano e i bambini, da parte loro, possono cimentarsi nel gestire la cucina del Dr Panda con la libertà di scegliere come vogliono preparare ciò che è stato richiesto.

Possono tritare, grattugiare, mescolare, friggere e molto altro scegliendo fra oltre 20 ingredienti e creare così il piatto perfetto!

Faranno poi mangiare i propri clienti e presteranno attenzione a come essi reagiranno dopo aver gustato la pietanza... le reazioni saranno diverse ogni volta...

Perchè abbiamo scelto questa applicazione?

Questo gioco digitale è stato proposto nei nostri corsi proprio perchè ha una caratteristica peculiare.

Non si tratta infatti di uno dei soliti giochi creativi basati sull'arte culinaria, ma dà ai bambini la possibilità di porre attenzione alle reazioni emotive dei clienti dopo che essi hanno gustato i piatti.

Questo fatto ha un valore educativo importante perché aiuta i piccoli fruitori ad affinare quella dote dal nome "empatia" ancora in embrione alla loro età: ovvero la capacità di mettersi nei panni degli altri.

Impareranno così a regolare, in base alla risposta dei vari clienti, la scelta e il dosaggio degli ingredienti da utilizzare nelle future ricette. Questo elemento, che presuppone attenzione e cura nella preparazione dei piatti, fornisce al gioco le giuste caratteristiche di sfida delle proprie capacità, utili perchè si arrivi allo stato di Flow.

Figura 5.7. *Illustrazione di un poster pubblicitario dell'applicazione.*

ATTIVITÀ "B" - SCHEDA 8

Applicazione: YOU FABLE - CREA LA TUA FIABA

Descrizione del gioco

You Fable è un'applicazione sviluppata per tablet che sfrutta la sua multimedialità per mettere in mano, a chi la utilizza, uno strumento in grado di stimolare la creatività e la fantasia. Il gioco trasformerà così in novelli Collodi grandi e piccini, che avranno la possibilità di inventare favole classiche oppure più moderne, secondo il proprio gusto.

Per farlo, si hanno a disposizione 30 carte multimediali, divise tra personaggi, ambienti e oggetti, che si sceglieranno a caso con un sistema che ricorda il meccanismo delle slot machine. Se ne potranno ottenere 10 da collegare per creare una trama originale. Ci sono carte molto diverse tra loro: dal piffero magico ad Amalia la strega che ammalia... ma la caratteristica che le accomuna è che si tratta di carte multimediali. I bambini saranno così stimolati a scoprire cosa si cela in ogni carta e, con un semplice touch, gli ambienti, i personaggi e gli oggetti prenderanno vita! Cosa si cela "Nel bosco degli alberi urlanti"? Che succede se si tocca "Il fucile del soldato solitario"?

Esse forniranno lo spunto per creare delle sezioni di trama da unire in una specie di puzzle: il bambino sarà il protagonista e il regista indiscusso della storia in quanto registrerà la propria voce basandosi su ciò che è rappresentato in ogni carta.

Quando le avrà registrate tutte e dieci otterrà una fiaba completa, che potrà salvare per poi modificarla a piacimento, riascoltarla, o farla ascoltare ad altri in qualsiasi momento.

Perchè abbiamo scelto questa applicazione?

Abbiamo deciso di proporre questa originale applicazione, un po' libro un po' gioco, perchè ricalca in modo multimediale l'attività di storytelling.

Il raccontare storie ha da sempre un valore di "educazione emotiva" ed è stato utilizzato come strumento all'interno della psicologia sia come promozione del benessere che come cura. In altre parole: "l'educazione emotiva" consente di familiarizzare con le emozioni e acquisire tecniche di problem solving per riuscire a gestirle in modo costruttivo. Colui che produce un racconto comunica inoltre la propria visione del mondo e questo fa sì che anche un bambino, quando inventa una storia, riesca a far uscire allo scoperto delle emozioni e dei pensieri di cui solitamente non sa parlare senza utilizzare un linguaggio di tipo metaforico e senza prendere la giusta distanza da ciò che può fargli paura. L' impegno e la concentrazione necessari per eseguire questa attività, sono adatti a creare i presupposti per entrare in stato di Flow.

Figura 5.8. *Uno dei personaggi di You Fable.*

Appendice A

Scheda di progettazione iniziale

Incontro Numero: Data :

Nomi ed età dei partecipanti:

Descrizione dell'attività:

Materiale:

Regole:

(eventuali modifiche o integrazioni)

Osservazioni:

Appendice B

Schede meta cognitive

Di seguito presentiamo le tre schede che verranno sottoposte a ciascun bambino immediatamente dopo il termine delle varie attività svolte.

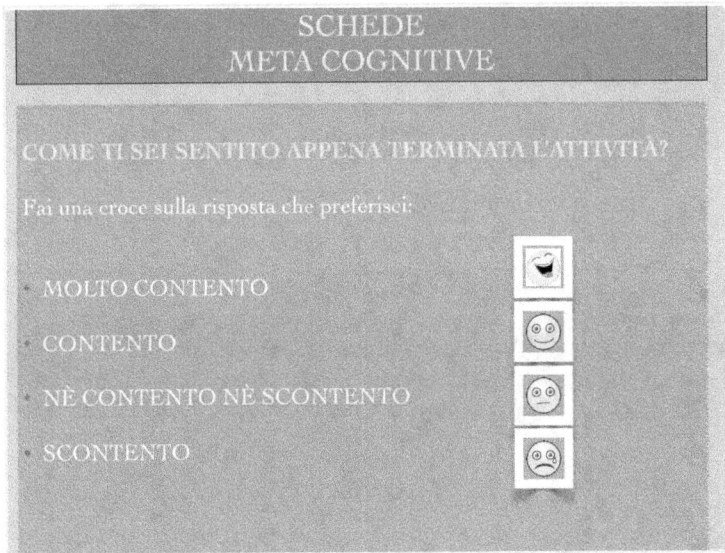

Figura 5.9. *Prima scheda meta cognitiva.*

**SCHEDE
META COGNITIVE**

COLORA LO SPAZIO SEGUENTE:

di più se quello che hai fatto ti è piaciuto,
di meno se non ti piaciuto

Figura 5.10. *Seconda scheda meta cognitiva.*

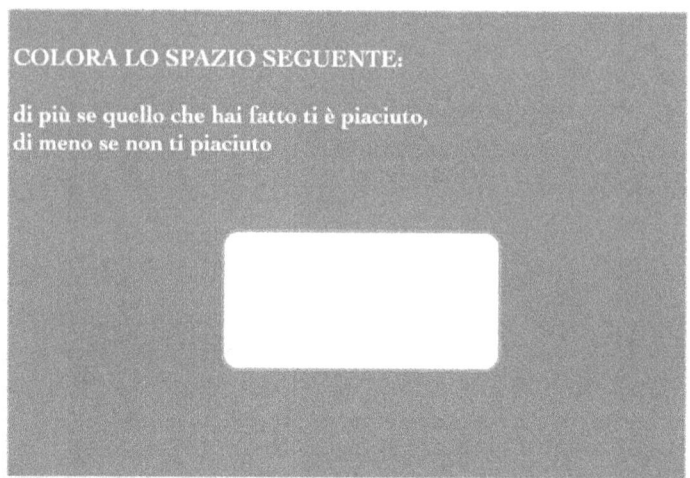

**SCHEDE
META COGNITIVE**

PER QUANTO TEMPO HAI LAVORATO?

Scegli uno dei tre orologi a lato:

1. SE HAI LAVORATO POCO TEMPO

2. SE HAI LAVORATO UN PO' DI TEMPO

3. SE HAI LAVORATO TANTO TEMPO

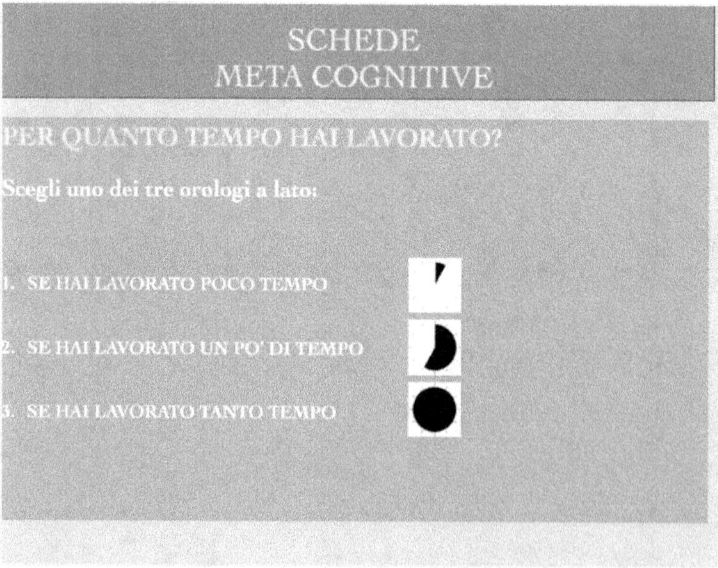

Figura 5.11. *Terza scheda meta cognitiva.*

Conclusioni

Con il presente capitolo siamo entrati nella parte più significativa di questo libro, presentando nel dettaglio le attività che costituiscono il nostro corso.

Abbiamo pensato gli otto incontri da proporre ai bambini come un susseguirsi di esperienze nuove e coinvolgenti, sia di tipo manuale sia di tipo multimediale con il supporto di tablet, ma con un unico filo conduttore: quello della creatività.

Abbiamo anche proposto tre schede meta cognitive che i bambini saranno invitati a riempire appena termineranno le attività e che ci permetteranno di verificare velocemente quanto il lavoro svolto abbia incontrato il loro gradimento.

Il testo prosegue poi con la spiegazione degli incontri previsti con i genitori e con alcuni utili consigli forniti dallo stesso Csikszentmihalyi per aiutare i bambini a sperimentare lo Stato di Flow tra le mura domestiche.

CAPITOLO VI

Gli incontri con i genitori

*"Non parlate "ai" vostri bambini, prendete i loro visi
tra le mani e parlate "con" loro."*

*Leo Buscaglia
(1924-1998)*

Sono previsti due incontri di un'ora ciascuno da parte del tutor con i genitori dei bambini iscritti al corso.

Il primo incontro sarà propedeutico al corso e avrà luogo prima che inizi il ciclo di incontri assieme ai bambini. Ai genitori verranno illustrate in questa sede tutte le attività proposte in modo dettagliato, cosicché essi potranno farsi un'idea precisa di come sarà strutturato il corso e di che tipo di materiali saranno utilizzati. Verranno inoltre spiegate le finalità che si intendono perseguire proponendo queste attività, così diverse fra loro, ma con un comune obiettivo: quello della promozione del benessere in età infantile.

Si spiegherà l'importanza di far sperimentare emozioni positive ai bambini per incentivare il loro corretto sviluppo e di conseguenza, il valore delle Esperienze Ottimali e quanto sia importante il loro riconoscimento da parte dei bambini stessi. Ogni genitore sarà libero di porre domande al tutor per fugare ogni eventuale dubbio in merito all'efficacia del corso proposto.

Il secondo incontro costituirà la conclusione del corso stesso. Sarà l'occasione per tirare le fila di tutto il lavoro svolto durante gli otto incontri con i bambini.

Si raccoglieranno le impressioni, le eventuali critiche e si cercherà di capire se, e che cosa è cambiato nell'atteggiamento di ogni bambino, anche in ambito domestico.

I genitori avranno così la possibilità di parlare di quello che hanno notato riguardo i loro figli e di commentare insieme al tutor i lavori portati a casa dai bambini. Si parlerà delle eventuali resistenze che i bambini possono aver provato cimentandosi nelle varie attività, del loro grado di autonomia, di autostima e delle emozioni che avranno accompagnato inevitabilmente questo tipo di vissuto.

Verranno accolti e discussi insieme tutti i suggerimenti che i genitori si sentiranno di fornire per migliorare il corso stesso, in un clima di collaborazione e arricchimento reciproco.

Si creerà in questo modo uno scambio fra due figure diverse ma che dovrebbero lavorare in modo complementare: da una parte il genitore che vive con il minore in ambito domestico, dall'altra lo psicologo che conduce l'esperienza in classe.

Si chiederà ai genitori, come atto conclusivo, di riempire una scheda di gradimento del corso.

1. Come possono i genitori coinvolgere i bambini nello stato di Flow a casa?

A conclusione di questo capitolo ci sembra importante riportare dei semplici ma utili suggerimenti che lo stesso Csikszentmihalyi ci fornisce allo scopo di aiutare i nostri piccoli a casa.

Innanzi tutto i genitori, come abbiamo avuto modo di capire nel corso del terzo capitolo di questo lavoro, hanno la possibilità di SUPPORTARE i bambini.

Come seconda istanza possono: MOTIVARLI ALLE SFIDE.

Come?

Abbiamo già visto precedentemente che praticamente tutti i bambini entrano frequentemente in stato di Flow. Di solito i genitori hanno aspettative piuttosto alte su di loro e credono che ce la possano fare a svolgere parecchie attività. Così cercano di fornire ai loro figli vari stimoli.

Quello che conta, però, è che lo facciano nel modo giusto.

Per esempio, si possono osservare i nostri bimbi e verificare che, quando entrano in stato di Flow a casa, prediligono un luogo piuttosto che un altro: di solito è un posto dove si sentono in totale privacy e dove riescono a stare soli con sé stessi.

Dapprincipio potremmo pensare che questa sia un'opportunità che hanno solo i bambini agiati... no, in realtà non è così.

Anche i bambini di estrazione sociale più umile possono avere le stesse possibilità di quelli più abbienti: non è necessario avere a disposizione un luogo grande e ben arredato, è sufficiente un posto dove ci si senta in grado di fare ciò che si vuole. Può essere uno scalino, un angolo di uno scalino... ovunque[1].

A questo punto sarà cura dei genitori o delle altre figure di riferimento non interrompere il bambino durante le sue attività preferite per un tempo necessario a raggiungere il massimo livello di coinvolgimento in ciò che sta facendo.

Abbiamo già visto che le attività ludiche vengono percepite spesso come "inutili" e "improduttive", in antitesi con quelle "lavorative" o di "studio". Questo è tanto più vero per il gioco libero, spontaneo, che viene abitualmente ricondotto a pura attività di intrattenimento. Bisognerebbe stare attenti, come adulti, a non cadere in questo tranello!

Importante poi, quando il piccolo ha terminato l'attività, che lo si aiuti a riconoscere quello che è accaduto. Possiamo ad esempio aiutarlo a riflettere sul fatto che era veramente "catturato" da ciò che stava eseguendo e che questo lo faceva sentire bene... ma che ciò non è sempre possibile, in quanto non tutte le attività piacciono allo stesso modo e possiedono lo stesso livello di coinvolgimento.

Si potrebbe proporre al bambino di provare ogni tanto a ritagliare un po' di tempo durante la giornata per cercare di fare quello che più gli piace, senza imposizioni esterne e senza preoccuparsi d'altro. Potremmo altresì rassicurarlo sul fatto che lo appoggeremo in questa ricerca dell'attività prescelta e non verrà poi assolutamente giudicato rispetto ai risultati.

Figura 6.1.

2. Conclusioni

In questo capitolo abbiamo illustrato a grandi linee i contenuti degli incontri previsti con i genitori e la loro tempistica all'interno del corso proposto.

Abbiamo poi provato a dare qualche ulteriore utile suggerimento pratico per i genitori che desiderino aiutare i loro figli a sperimentare lo stato di Flow in ambito domestico, evidenziando quanto sia necessario il supporto degli adulti e la loro convinzione che esso sia un modo "sano" per educare i bambini e spingerli verso il benessere.

Nel corso del prossimo capitolo trarremo le conclusioni generali di questo percorso di "educazione al benessere" per i nostri bambini.

Lo faremo citando l'opera di David Shernoff, psicologo dell'educazione presso un'eminente università negli U.S.A. e studioso di Flow in ambito scolastico.

Approfondimenti bibliografici

[1]Cfr. CSIKSZENTMIHALYI, M. (2002), "Motivating People to Learn" in Edutopia, September 7, 2015

CAPITOLO VII

Conclusioni e prospettive future

"Tutti i grandi sono stati bambini una volta. Ma pochi di essi se ne ricordano."

Antoine De Saint-Exupery
(1900 - 1944)

Concludiamo questo libro facendo alcune utili considerazioni riguardanti la scuola, il luogo dove i nostri figli trascorrono la maggior parte della loro giornata e dove trascorreranno parecchi anni della loro vita.

Sia la psicologia che le neuroscienze confermano che la felicità è un'abitudine che si impara da piccoli e, quando famiglia e scuola vanno nella stessa direzione dal punto di vista educativo, i risultati positivi si amplificano.

L'educazione non dovrebbe fermarsi solo all'apprendimento delle materie didattiche, ma dovrebbe spingersi anche alla dimensione della socialità, allo sviluppo dell'autostima, alla solidità psico-emotiva.

Il programma scolastico non dovrebbe essere impartito "dall'alto", in modo preconfezionato, ma andrebbe costruito giorno dopo giorno insieme alla propria classe nel corso dell'anno.

Sarebbe auspicabile assegnare a ciascuno studente un ruolo ed una responsabilità, con cose chiare da fare e soprattutto domande reali che esigono risposte, elaborate in un'atmosfera di dialogo capace di accogliere il contributo di tutti.

1. L'opera di David Shernoff

David Shernoff è psicologo dell'educazione alla Northern Illinois University e studia proprio il Flow nelle scuole.

Egli è convinto che quel che si pensa sia apprendimento scolastico, in quest'epoca, riguarda nozioni che vengono subito dimenticate. Questo perchè gli studenti non hanno sufficiente dimestichezza con le materie trattate in modo da poterle applicare in altri ambiti.

Secondo questo eminente studioso, il vero apprendere richiede il **coinvolgimento** degli studenti e il Flow consiste, come abbiamo visto, nella forma più profonda possibile di coinvolgimento. Esso infatti è un'esperienza che cattura totalmente l'individuo perchè combina insieme: motivazione, concentrazione, interesse e divertimento allo stesso tempo.

Se questo cocktail riuscissimo a trasferirlo al processo stesso dell'apprendimento saremmo a cavallo!

La realtà invece è che per anni le condizioni di insegnamento in classe sono state antitetiche alle condizioni di cui le persone hanno bisogno per raggiungere lo Stato di Flow e i benefici ad esso connessi. Gli alunni spesso dimostrano noia, apatia e ben poco interesse per le materie proposte, dato che non le ritengono rilevanti per la loro vita.

È ora di cambiare!

Il cambiamento, si sa, fa paura. Ma in questo caso dovremmo sforzarci per il bene delle nuove generazioni.
La rivoluzione perché funzioni, però, dovrà essere portata avanti in sinergia, sia dalle scuole sia dalle famiglie, in un clima di collaborazione e positività condiviso. Solo così si potrà pensare ad un'educazione integrata per nostri bambini e i nostri ragazzi. Fino a che le scuole saranno considerate da molti alunni, ma anche dai genitori stessi, solo il luogo delle regole e dei doveri, il luogo dove si accende la competizione e dove si cerca di primeggiare sugli altri, non si potrà parlare di vero apprendimento.

Goethe riguardo la fiducia scriveva:
"Se si tratta una persona come sembra che essa si meriti di essere trattata, la si rende peggiore, ma se la si tratta come se fosse ciò che potenzialmente potrebbe essere, la si fa diventare ciò che dovrebbe essere."

Ecco la parola magica: FIDUCIA.
Iniziamo ad avere maggior fiducia dei nostri bambini e ragazzi, non solo in ambito scolastico ma anche nella vita di tutti i giorni, e riusciremo a far uscire il meglio di essi in ogni campo.

A questo punto non ci resta che augurare:

BUON FLOW A TUTTI!

Figura 7.1.

CONTATTI

Se desiderate maggiori informazioni al riguardo o siete interessati ad organizzare uno di questi corsi, potete contattarmi via mail ai seguente indirizzi:
milena.mazzeo@unicatt.it
millyemme@icloud.com

Inoltre, se interessati all'argomento dell'empowerment del benessere nei bambini, vi segnalo il mio blog:
www.flowneibambini.com

Ringraziamenti

Questo libro ha preso forma durante il mio primo semestre di tirocinio dopo la laurea presso il Dipartimento di Psicologia dell'Università Cattolica del Sacro Cuore di Milano.

In particolare sono debitrice al Professor Giuseppe Riva, mio tutor e mio docente di Psicologia della Comunicazione, se sono riuscita a scrivere un testo come questo. A lui va la mia stima e la mia gratitudine per aver "fatto uscire" alcune mie potenzialità che, con la sua sensibilità e lungimiranza, egli ha visto prima di me.

Desidero inoltre ringraziare tutte le persone che mi hanno incentivato a percorrere questa strada e che ho avuto modo di frequentare quotidianamente presso lo stesso Dipartimento: da ognuna di esse ho ricevuto un insegnamento diverso, anche se ciò che li ha accomunati è stata la dedizione e la passione per il loro lavoro.

Voglio ringraziare di cuore Davide Inclimona, che ha trascorso del tempo insieme a me e mi ha aiutato nella messa a punto delle attività pratiche ideate per questo testo.

Un pensiero di gratitudine va anche alla Dottoressa Fiorella Immorlica, per il sostegno affettuoso dimostratomi in questi mesi.

Concludo con un grazie speciale alla mia famiglia: a mio marito Fabrizio e ai miei figli Elisa e Andrea.